삼성에서   ERP로 먹고사는

컨설턴트가 알려주는

SAP

삼성에서 ERP로 먹고사는
컨설턴트가 알려주는
SAP

초판 1쇄 인쇄 2024년 10월 10일
초판 1쇄 발행 2024년 10월 15일

지은이 | 주호재, 서기준
감 수 | 하세영, 이승구
펴낸이 | 김승기
펴낸곳 | ㈜생능출판사 / **주소** | 경기도 파주시 광인사길 143
브랜드 | 생능북스
출판사 등록일 | 2005년 1월 21일 / **신고번호** | 제406-2005-000002호
대표전화 | (031) 955-0761 / **팩스** | (031) 955-0768
홈페이지 | www.booksr.co.kr

책임편집 | 최동진
편집 | 신성민, 이종무
교정·교열 | 최동진
본문·표지 디자인 | 이대범
영업 | 최복락, 김민수, 심수경, 차종필, 송성환, 최태웅, 김민정
마케팅 | 백수정, 명하나

ISBN 979-11-92932-82-8 (03320)
값 23,000원

기초부터 알려주는 ERP 입문자용 SAP HANA 가이드북

삼성에서 ERP로 먹고사는
컨설턴트가 알려주는
SAP

주호재 서기준 지음
하세영 이승구 지음

생능북스

40년째 현역에서 열심히 일하고 있습니다. 운동선수로 치면 올림픽에 4번 출전한 셈이지요. 그런데도 아직까지 메이저 시장에서 활발하게 활동하고 있습니다. 그 비결은 바로 기본기와 체력인 것 같습니다. 이 책에는 삽질의 기본기가 잘 설명되어 있습니다. 제가 처음 SAP를 시작할 때는 독일인들에게 직접 배워야만 했습니다. 한글로 된 교재가 절실했죠. 이런 책이 나오다니 부럽네요.

서창범 (개발자, 프리랜서)
닉네임 _ 김흥국 님과 동갑인데 아직 현역

코로나 이후로 SAP 시장이 바뀌고 있습니다. SAP 시장은 능력만 된다면 투잡, 쓰리잡도 가능한 세상입니다. 능력과 체력만 된다면 빠르게 일을 처리하고 돈을 그만큼 더 벌 수 있습니다. 이 책은 처음 ERP, 그중에서도 SAP를 처음 접하는 분께 좋은 길잡이가 될 것이라고 생각합니다. 모든 기술이 끊임없이 발전하듯이 SAP도 변화하고 있고 변화의 속도도 점점 빨라지고 있습니다. 저 역시 처음에는 어렵게 접근하고 시행착오를 많이 겪었습니다. 그래도 포기하지 않고 노력해 지금까지 열심히 나아가고 있습니다. 여러분도 SAP에 도전하셔서 원하는 바를 이루시기 바랍니다.

김성하 (개발자, 프리랜서)
닉네임 _ 능력과 체력으로 2배 버는 개발자

SAP 솔루션이 도입된 이후 많은 시간이 흘렀습니다. 저는 항상 '하나의 솔루션이 이렇게 오랫동안 기업들에게 활용될 수 있었던 이유는 뭘까?'가 궁금했습니다. 아직 결론을 내리지는 못했지만, 경이롭다는 생각이 들 때가 많았습니다. 이렇듯 경이로운 SAP를 후배(필자)가 재미있고 알차게 구성해 놓았네요. 처음 삽을 잡으려는 사람뿐만 아니라 지금 열심히 삽질하고 있는 사람들에게도 도움이 되는 책이라고 생각합니다. 오늘도 삽질을 준비하며 이 책을 추천합니다.

김철현 (컨설턴트, 삼성SDS)
닉네임 _ 임금피크에도 못 나가게 해서 잡혀 있는 컨설턴트

글로벌 컨설팅펌의 컨설턴트로 활동할 수 있는 토대를 만들어 주신 존경하는 은사께서 삽질의 정석을 출간하신다는 이야기를 듣고 설레는 마음으로 책을 정독하였습니다. 이 책을 읽으면서 느낀 점은 '역시는 역시다'였습니다. 책을 읽으면서 좀처럼 접근하기 어려운 SAP라는 개념이 이해하기 쉽게 서술돼 있을 뿐만 아니라 중요한 포인트도 놓치지 않고 잘 짚어 주고 있다는 생각이 들었습니다. 단순히 개념적으로만 설명한 것이 아니라 필자가 직접 경험하고 체득한 노하우가 잘 녹아 있어서 SAP를 처음 접하는 초보는 물론 실제 필드에서 뛰고 있는 컨설턴트에게도 많은 도움이 될 것입니다.

이 책은 제가 실무를 하면서 익힌 파편화된 지식들을 체계적으로 정돈할 수 있는 계기를 마련해 주었습니다. SAP를 다루는 모든 분께 추천합니다.

김명규 (컨설턴트, PWC)
닉네임 _ 글로벌 컨설팅펌의 젊은 컨설턴트

아밥퍼ABAPer로 일하면서 학교에서 학생들을 가르치고 있습니다. SAP 강의 시 쉽고 좋은 교재가 없어서 고민을 하고 있었는데 이 책이 이 문제를 한방에 해결해 줬습니다. 이 책은 학생들이 취업을 하기 전에 SAP를 빠르고 깊이 이해하는 데 매우 유용합니다. 저 또한 이 책을 통해 SAP의 과거부터 현재 트렌드까지 심도 있게 이해할 수 있었습니다. 이번 책도 전작과 마찬가지로 쉽게 설명돼 있어서 단숨에 읽을 수 있었습니다. 세계 및 한국 ERP 분야 1위인 SAP를 마치 소설처럼 재미있게 읽고 싶은 분들에게 강력히 추천합니다.

송성범 (개발자, 프리랜서)
닉네임 _ 교수님과 개발자 사이

국내 대기업 컨설팅펌에 있다가 해외 컨설팅펌에서 근무하고 있습니다. 최근 급속히 변하는 시대에 뒤처지지 않고자 기업들은 다양한 기술 도입을 시도하고 있습니다. 그런데 제대로된 프로세스와 데이터의 부재로 신기술 도입에 많은 어려움도 겪고 있습니다. 이럴 때일수록 기본기의 중요성은 아무리 강조해도 지나치지 않죠. 많은 글로벌 기업의 데이터 등뼈Backbone를 담당하고 있는 SAP ERP에 대해 역사부터 기본 개념까지 알차게 구성된 책이 출간되었네요. 필자의 현장 경험과 입담으로 이해하기 쉽게 쓰여 있어 기본을 탄탄하게 다지는 데 많은 도움이 될 것 같습니다.

육심일 (컨설턴트, KPMG)
닉네임 _ S사에서 글로벌 컨설팅펌까지 경험했어요

배신자가 될 운명

이 책이 출판되고, 만약 베스트셀러가 된다면 저는 매장당할 겁니다. 잘 숨겨 두었던 밥벌이를 제가 까발린 격이니까요. 책에서 알려 드릴 내용은 어떤 일에 대한 이야기입니다. 이 일은 꽤 오랫동안 누군가에 의해 수행되어 왔지만 그 중요성과 일의 질에 비해 잘 알려지지 않았습니다.

보통 부모는 자신이 하던 일을 자식에게 물려주고 싶어 하지 않습니다. 오래도록 자신이 하면서 느낀 그 분야의 어려움이 먼저 생각나기 때문이지요. 어떤 일이든 어려움이 전혀 없을 수는 없겠지요. 하지만 그 어려움보다 보상이 훨씬 크다고 느낄 때 부모는 자식에게 자신의 일을 이어주기 바랍니다. 대기업 총수가 그렇고요. 의사, 변호사가 그렇지요. 그리고 간간이 세상에는 그 정도는 아니지만 그냥 내 아들이 해도 괜찮겠다 싶은 그런 일들도 있습니다. 제가 딱 그런 생각을 가지고 있거든요. 멋진 사례도 있습니다. 제가 한 다리 건너 아는 동종업계의 한 분은 아버지가 딸 2명을 가르쳤답니다. 가족 3명이 삽질(SAP)을 하는데, 합치면 월 수입이 3천만 원, 연 3억 원 이상이고, 프로젝트 사이의 쉬는 기간은 가족이 함께 해외여행을 다닌다고 합니다.

동료들과 잡담을 하다가 요즘 자주 하는 말들이 있습니다. 어제 성적표가 나왔답니다. 반에서 중간 정도. 부모도 답답하지만, 제일 갑갑한 건 본인이죠. 스스로 미래를 걱정하더랍니다. 이대로 가면 어떻게 돈 벌고 살겠냐고. 그때 자기도 모르게 툭 이런 말이 나오더랍니다.

"걱정 마. 아빠 하는 일 배워서 하면 먹고 사는데 큰 문제없으니까 걱정하지 마."

평소에 아들 녀석이 아빠가 회사 다니는 걸 봐왔잖아요. 그렇게 힘들게 일하지 않는 것 같은데 돈도 꽤 벌어오니까 관심을 보이더랍니다. 적극적으로 아빠 하는 일을 어떻게 배워야 하는지 자세히 묻더랍니다. 막상 그렇게 물어오니 답을 하기가 어렵더랍니다. SAP가 뭔지, 어떤 일을 하는지 설명하려니 횡설수설하게 되더라는 거죠. 제 주변에 이런 분들이 최근에 부쩍 늘었습니다. 저는 SI(시스템 구축)업을 합니다. 회사의 일하는 방법에 해당하는 프로세스를 분석해 설계하는 컨설턴트입니다. 고생으로 악명 높은 산업이죠. 이 일을 하는 여러 가지 솔루션이나 언어들이 있습니다. 자바(Java), C언어(C#), 파이썬 같은… 이 언어들은 시대에 따라 부침을 겪어 왔습니다. 그런데 저는 이런 알려진 언어와 솔루션이 아니라 SAP라는 회사가 만든 HANA라는 솔루션과 ABAP이라는 언어를 다룹니다. 이 업계의 숨겨진 귀족이죠.

이 책은 SAP라는 회사가 만드는 HANA라는 제품과 ABAP이라는 언어에 대한 이야기입니다. 그렇다고 이 책 한 권을 읽으면 바로 이 업계에 발을 디딜 수 있는 것은 아닙니다. 대략 SAP를 한다는 것이 어떤 것인지 알 수 있고, 혼자서 공부를 하려면 어떻게 시작을 해야 하는지 딱 그 정도입니다. 지금껏 사람들이 잘 몰랐던 비밀의 문 앞에 여러분을 안내해 세워드리는 것이 이 책의 목표입니다. 문을 열고 더 알아보시는 것은 여러분이 하실 일입니다.

Part 1   삽질의 개념

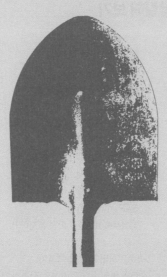

"삽질을 한다. 회사에 나왔으니 삽질을 한다."

    회사어로 '삽질'에는 여러 의미가 있습니다. 말 그대로 삽으로 땅을 판다는 의미가 있고, 비유적으로 똑같은 일을 끝도 없이 하는데 별 의미가 없다는 뜻으로 쓰이기도 합니다. 개인의 입장에서 회사 일은 대부분 그럴 수밖에 없습니다. 개인보다는 회사 전체의 이익을 위한 일이 대부분이니 개인이 보면 삽질처럼 보이는 거죠. 이 두 가지 의미 외에 일부 회사에서 삽질은 또 다른 의미가 있습니다. SAP('에스에이피'라고 읽습니다)라는 프로그램으로 일을 처리한다는 의미이죠.

PART

_____

1

_____

삽 질 의

_____

개 념

_____

01

삽질이 돈이 된다던데….

20년 넘게 삽질 중입니다. 그런데 그렇게 힘들지도 않았고 수입도 상위 10%에 쭉 들어 있었습니다. 그게 가능하냐고요? 네. 가능합니다. 삽만 제대로 잡았다면 말이죠.

삽질
- 삽으로 땅을 파거나 흙을 떠내는 일
- 반복적인 일을 오래 하는 것을 비유적으로 이르는 말
- SAP를 이용해 작업한다는 의미

SAP가 삽이 된 이유

제가 운 좋게 잡은 삽은 SAP라는 삽이었습니다. SAP는 회사이름입니다. 이 회사가 대한민국에 처음 알려진 것은 1990년대입니다. 삼성전자가 SAP가 만든 컴퓨터 시스템을 도입하게 된 것이죠. 지금은 SAP의 철자를 하나하나 떼어서 '에스에이피'라고 읽습니다. 그런데 90년대에

는 마치 한 단어처럼 '쌥'으로 읽었습니다. '쌥'이라고 서울에서 잘 불리던 SAP가 경상도의 공장에서도 사용하게 됩니다. 아시죠? 특정 지역은 'ㅆ' 발음이 어렵다는 거. 그래서 '쌥'이 '삽'으로 불리기 시작합니다. 말이란 게 힘이 있죠. SAP가 삽으로 불리면서, SAP와 관련된 일이 '삽질'이 됩니다. 그렇게 제가 하는 일이 삽질이 되었습니다. 그 이후로 30여 년 동안 삽질은 대한민국 땅에서 대기업에 다니는 일부 인력들이 조용히 해왔습니다. 장인이 문하생을 받아서 긴 시간 동안 일을 가르치는 것처럼 전수되어 왔죠. 연봉도 꽤 괜찮고 일도 그렇게 힘들지 않은데 왜 그랬을까요? 꿀이 있으면 꿀벌이 모여들듯 어렵지 않고 연봉이 높은 일에는 사람이 몰려드는 게 정상이잖아요. 의사가 그렇고, 변호사도 그러하듯 보수가 좋으면 그 일을 하고자 하는 사람들이 모이고 경쟁이 심해지는 것이 세상의 이치입니다. 의사나 변호사 정도는 아니지만, 2024년 기준으로 삽질을 하는 사람들의 시장가치는 연봉 1억에서 2.5억 사이입니다. 차이가 큰 이유는 삽질에도 몇 가지 종류가 있기 때문입니다. 이건 잠시 뒤에 설명하겠습니다. 최소액인 연봉 1억도 적지는 않죠. 그럼에도 불구하고 항상 사람이 모자랍니다.

　삽질 기술자 구하기는 디지털 전환이 본격화된 최근 더욱 심해졌습니다. 이게 끝이 아닙니다. 건강이 허락하면 끝까지 일할 수 있습니다. 코로나가 한창일 때 깜짝 놀란 적이 있습니다. 당시 나이가 많으신 분부터 백신 접종을 시작했습니다. 그런데 아주 이른 시점에 같이 일하던 삽질 기술자 중 두 분이 백신 접종을 하시러 가신다는 겁니다. 최소 60세 이상이라는 의미였죠. 상황이 이렇다 보니 제가 PM(프로젝트 리더) 역할을 할 때면, 첫 미팅에서 항상 당부하는 말이 있습니다.

"형님들, 다른 건 다 마음대로 하시면 됩니다. 한 가지만 금지입니다. 프로젝트 기간 중 자연사하는 거요."

삽질의 종류

SAP는 회사입니다. 그것도 세계 최고의 글로벌 회사 중 하나입니다. 그런데 사람들은 이 회사를 잘 모릅니다. 눈에 보이는 물건을 만들지 않으니까요. 반면 애플은 다 압니다. 아이폰을 만드니까요. 그런데 이 아이폰이 크게 두 개념의 합입니다. 하드웨어와 소프트웨어. 하드웨어는 아이폰이라는 물건을 구성하는 화면, 케이스, 그리고 그 속에 있는 반도체들이죠. 단지 이쁜 물건이라는 관점에서 아이폰은 이 하드웨어만 조립하면 됩니다. 그런데 하드웨어만으로 아이폰은 켜지지 않을 겁니다. 아이폰을 돌아가게 할 소프트웨어가 없기 때문입니다. 이 소프트웨어가 없었다면 아이폰은 단지 이쁜 전화기에 머물렀겠지요. 스마트폰에서는 이런 응용 소프트웨어를 앱Application이라 부릅니다. 개인이 생활의 편의나 일의 효율을 높이기 위해 사용하는 소프트웨어는 우리에게도 익숙하죠. 이미 말씀드린 스마트폰 속의 수많은 앱이 그렇고 출근하면 거의 매일 사용하는 엑셀도 지구상 가장 성공한 소프트웨어이지요.

SAP는 개인이 사용하는 소프트웨어를 만들지는 않습니다. 대신 큰 회사가 사용하는 소프트웨어를 만듭니다. 그것을 기업 솔루션Enterprise solution이라고 합니다. 아이폰을 만드는 애플도, 대한민국 대표기업들도 전부 SAP가 만든 기업 솔루션을 사용해 제품을 만들어 냅니다. 2000년대까지는 정말 큰 회사들만 SAP의 기업 솔루션을 사용했습니다. 삼성, LG, 현대자동차 정도였지요. 그러다 보니 이런 회사에서 일해야만 삽질을 구경이라도 할 수 있었습니다. 어떤 일이나 물건이든 대박을 치려면 두 가지 조건을 만족해야 합니다. 수요가 갑자기 늘어나는 데 공급을 바로 늘릴 수 없을 때입니다. 이런 측면에서 삽질은 애매한 상황에 한참 동안 놓여 있었던 겁니다. 대기업에서만 도입해 사용하니 수요가 일정한 수준으로 조금씩 늘었고, SAP가 외국회사이고 일 자체가 단순하지 않다 보니 삽질 기술자가 단기간에 양성될 수 없는 형편이었습니다. 당연히 학교나 학원 같은 것이 있어서 개인적으로 배울 수도 없었습니다. 거기다 기업용 솔루션이다 보니 엑셀이나 파워포인트처럼 개인 컴퓨터에 깔아서 연습할 수 있는 수준이 아니었죠. 비싼 서버Server와 저장소Storage를 사서, SAP가 만든 솔루션을 서버에 설치할 수 있는 전문가가 있어야 설치가 가능했죠. 그만큼 복잡하고 어려운 작업이었습니다. 이런 이유로 1990년대부터 최근까지 약 30년간 그들만의 리그가 계속된 겁니다.

삽질이라고 다 같은 삽질은 아니죠. 삽질에도 종류가 있습니다. 삽질을 SAP와 관련된 일이라고 앞에서 정의를 했으니, 삽질 중의 삽질은

SAP라는 회사에 입사해서 그 회사의 제품인 솔루션을 직접 설계하고 만들고 판매하는 일입니다. 스스로 글로벌 인재라면 독일에 있는 SAP 본사에 입사하면 되고, 대한민국을 사랑하시는 분이시라면 한국에도 SAP코리아라는 지사가 있습니다. 이 영역은 취업의 영역이니 이 정도로 정리하겠습니다.

이 책에서 설명드릴 현실적인 삽질은 SAP의 제품인 솔루션을 회사에 구축하고 잘 사용하는 일입니다. 약간 혼란스러우시죠. SAP라는 회사에서 솔루션이라는 제품을 만들어서 판매하면 사용할 회사에서 직접 솔루션을 설치하고 사용법도 알려 주는 것이 정상이잖아요. 그런데 또 다른 삽질이 있어요. 이 부분을 이해하려면 설명이 조금 필요합니다.

제가 사는 아파트는 지은 지 15년 정도 지났습니다. 그래서인지 여기 저기 수리할 것이 늘어나고 있습니다. 최근에 큰 건이 하나 터졌습니다. 아침에 씻으려는데 뜨거운 물이 안 나오더군요. 보일러 고장이었습니다. 일단 당황했습니다. 어디서 보일러를 사야 할지도 생각이 안 나더군요.

딱! 이런 상황이 큰 회사에서 일을 잘하도록 돕는 시스템과 유사합니다. 10년에 한 번 정도 새로운 시스템을 도입하거나 업그레이드하는 일이 있다 보니 그때가 되면 전문가나 대행사를 찾습니다.

우여곡절 끝에 인터넷에서 친환경 기술로 광고하는 보일러 회사 대리점에 전화했습니다. 오후쯤 설치기사 분이 오셨고 보일러실을 보시고 우리 집의 난방 시스템을 체크하시더니 난감한 표정을 지으십니다. 저는 몰랐습니다. 각 방에서 난방 온도를 조절하면 보일러가 돌아가잖아요.

저는 그 기기들도 다 보일러 회사에서 설치한 건 줄 알았습니다. 아니더 군요. 그건 지멘스라는 독일 회사 제품이더라고요. 그래서 보일러와 난 방 시스템을 연계하는 뭔가를 교체해야 할 수도 있답니다. 결국 온 가족 이 뜨거운 물을 찾아 목욕탕으로 가는 일이 벌어졌고 다음날에야 겨우 보일러는 돌아갔습니다.

　삽질이 제가 겪은 과정과 걸리는 시간, 투입되는 사람의 수 등이 다를 뿐 거의 똑같습니다. 삽질이라도 다 같은 삽질이 아닌 거죠. 보일러도 보 일러라는 제품 그 자체를 만드는 사람들이 있습니다. 제품 개발자가 있 을 것이고, 실제로 제품을 생산하는 분들도 계시죠. 삽질의 정상에도 SAP라는 회사의 제품을 만드는 SAP 직원들이 있습니다. 두 번째는 설 치의 영역입니다. 설치의 관점에서 보면 세상의 물건들은 크게 두 가지 유형으로 나뉩니다. 우리가 살면서 사용하는 대부분의 물건들은 매장 에 가서 사거나 인터넷 쇼핑몰을 통해 구매하면 별다른 어려움 없이 바 로 사용할 수 있습니다. 옷, 신발, 가방 이런 것들은 별도의 사용법을 공 부해야 할 정도는 아니죠. 반면 보일러, 에어컨, 대형TV 같은 물건은 보 통 사람들이 구매해서 바로 설치할 수가 없습니다. 전문 지식이 필요하 기도 하고, 가스 누출의 위험도 있기 때문에 반드시 전문가를 불러서 설 치해야 하죠. 그래서 설치라는 과정이 필요하고 설치기사라는 직업군도 있습니다. 설치에 해당하는 삽질이 SI 프로젝트 수행입니다. 그래도 조 금 의아하시죠. 보일러 기사도 그 회사의 대리점에서 왔습니다. 에어컨 과 TV도 비슷하죠. 그 회사의 설치직원이 옵니다. 설치하는 난이도와 시간이 엄청나게 높고 많이 걸리지는 않기 때문이죠. 그런데 그 난이도가 훨씬 더 높아지면, 하나의 산업이 만들어지기도 합니다. 그 제품을 만든 회사가 아닌 다른 회사들이 그 일을 대행하는 것이죠. 그 설치의 과정을 프로젝트를 한다고 하고 보통 1년 이상의 시간이 걸립니다. 그 오랜 시간 뭘 할까요? 뒤에서 더 말씀드리겠지만 간단히 얘기하면 보일러도 집의 상황에 따라 설치가 조금씩 다를 겁니다. 아파트처럼 보일러실이 실내에 있고 설치 환경도 딱 만들어져 있는 곳이 있을 테고, 오래된 단독주택처럼 야외에 그런 고려가 없는 곳도 있을 겁니다. 고객의 집 상황에 따라 설치되는 위치나 방식이 달라지겠죠. 그리고 저희 집은 지멘스라는 외국 난방 시스템이 설치되어 있었습니다. 이렇게 원래 사용되던 시스템과 연결을 해 주고 잘 작동되도록 설정하는 일도 해야 합니다. 삽질에서는 이걸 '인터페이스 잡는다'라고 합니다. 집의 상황이 다른 것처럼 SAP를 설치해야 하는 회사의 상황도 모두 다릅니다. 이것은 두 가지 관점에서 다른데요. 첫 번째는 회사의 규모가 다릅니다. 매출이 수십 조씩 되고 100개가 넘는 나라에 걸쳐 있는 글로벌 회사도 있고, 이제 갓 중소기업을 벗어난 중견기업도 있습니다. 모두 SAP를 사용할 수 있지요. 두 번째는 속해 있는 산업이 다릅니다. 전자제품을 만드는 회사가 있고, 배나 우주선을 만드는 회사도 있습니다. 제약회사, 화학회사도 있지요. 일하는 방식이 완전히 다를 겁니다. 이렇게 두 가지 관점을 조합하면 수많은 경우의 수가 발생합니다. 저희가 존재하는 이유입니다.

　마지막 삽질은 SAP를 실제로 사용하는 일입니다. 저 같은 SAP 컨설

턴트가 소속된 프로젝트 수행사가 설치 작업을 마치고 시스템을 오픈하
면 실제로 그 시스템을 사용하는 회사, 즉 고객사의 직원들이 하는 일이
죠. 가정용 보일러는 설치까지는 어렵지만, 사용은 일반 사람들도 할 수
있습니다. 하지만 큰 빌딩의 보일러는 교육을 받은 전문가가 상주하면서
운용합니다. SAP의 제품 사용도 꽤 오랜 시간 교육받고 사용해 보지 않
으면 잘 사용하기가 어렵습니다. 삽질을 정리해 보면 이렇게 세 가지가
되겠네요.

삽질 유형	하는 일	소속	비고
SAP 솔루션 제작	SAP가 판매하는 기업 솔루션들을 기획, 설계, 개발하는 일	SAP	
프로젝트 수행	SAP 솔루션을 바탕으로 고객사가 바로 사용할 수 있도록 솔루션을 설정하고 추가로 필요한 개발을 하는 일	구축전문기업, 프리랜서	삼성SDS, LG CNS 등
SAP 솔루션 활용	프로젝트를 통해 완성된 시스템을 실제로 사용하는 일	고객사(대기업 대부분)	삼성전자, 현대자동차 등

  첫 번째는 구글이나 애플, 삼성전자에 입사하는 것처럼 SAP라는 회
사를 목표로 준비하시면 됩니다. SAP라는 회사도 구글이나 애플 못지
않은 글로벌 회사입니다. 두 번째는 조금 뒤에 자세히 보고요. 세 번째는
SAP가 만든 솔루션을 사용하는 회사에 입사하면 됩니다. 그건 들어가
봐야 아는 거 아니냐고요? 아닙니다. 신입사원 채용에서는 채용조건에

잘 나타나 있지 않지만, 경력사원 채용에는 무조건 이 한 줄이 들어가 있을 겁니다.

'SAP 사용 가능자 우대'

그 무게가 '외국어 가능자 우대' 만큼이나 무겁습니다. 그 정도로 취업 시 SAP 제품의 사용 경험은 플러스가 됩니다. 냉정하게 보면 첫 번째와 세 번째 삽질은 숨겨져 있던 그런 일은 아닙니다. 두 가지 모두 어떤 회사에 입사하는지에 대한 문제니까요. 연봉도 어떤 회사에 입사하는지에 따라 달라질 뿐입니다.

이 책이 관심을 가지는 것은 두 번째인 SAP 프로젝트를 수행하는 것입니다. 보일러 설치처럼 혼자서 몇 시간 만에 할 수 있는 일이 아니라 1년 동안 수십 명이 팀을 이뤄서 하는 작업이라 장기적인 계획을 가지고 해야 합니다. 그래서 SAP를 포함한 대기업의 시스템을 구축하는 작업은 프로젝트 형태로 수행됩니다. 지금부터 이 책에서는 이 영역만을 삽(SAP)질이라 칭하겠습니다.

진짜 삽질은 다시 세 가지 역할로 나뉩니다. 프로젝트 전체를 관리하는 프로젝트 관리 조직PMO, Project Management Organization, SAP 제품을 세팅하고 추가적으로 필요한 프로그램을 설계하는 역할을 하는 컨설턴트, 컨설턴트의 설계를 ABAP이라는 SAP 전용 프로그램으로 개발하는 개발자로 구분됩니다. 일반적으로 PMO, 컨설턴트, 개발자라는 용어는 어떤 SI 프로젝트에서도 사용되죠. 하지만 SAP 중심의 프로젝트에서는 세 가지 영역 모두에 SAP 제품에 대한 지식이 필요합니다. 그렇다 보니 앞에 수식어가 붙습니다. 그냥 컨설턴트, 개발자가 아니라 SAP 컨설턴트, ABAP 개발자라 부릅니다. PMO는 딱히 구별해 부르지는 않지만, SAP 컨설턴트로 경험을 쌓은 분들이 SAP 지식을 기반으로 프로젝트 관리 역할을 수행하는 것이 일반적입니다. 이렇다 보니 비교적 진입장벽이 높고, 연봉도 일정 수준이 유지되는 것이죠. 게다가 전문성이 중요하다 보니 학벌이나 나이보다는 프로젝트 경험과 실력이 더 중요합니다.

지금까지는 대충 SAP라는 용어로 계속 설명을 해왔습니다. SAP를 이용해 일을 한다는 것을 삽질로 대충 퉁쳐서 설명했습니다. 그건 마치 '미원'이라는 우리나라 최초의 합성 조미료가 회사 이름도 되고 제품 이름도 되었다가 산업의 규모가 커지면서 조미료를 만드는 회사도 많아지고 조미료의 종류도 늘어났지만, 사람들은 조미료를 그저 미원이라 부르는 것과 비슷합니다. 하지만 밥벌이를 하려면 조미료를 미원만 알고 있어서는 안 되죠. 삽질에 대해, SAP의 제품에 대해 조금 더 자세히 알아보겠습니다.

100억짜리 삽

　새로 도입을 한다는 시스템의 정식 명칭을 알아보니 'SAP S/4HANA' 입니다. 암호처럼 보이는 이름부터 해체해 봐야겠습니다. 일단 SAP와 S/4HANA로 나눌 수 있습니다. SAP는 회사이름이고, S/4HANA는 제품이름입니다. 먼저 회사이름인 SAP부터 파헤쳐 보죠. 익숙하지 않아서 듣보잡인줄 알았는데 찾아보니 소프트웨어 회사 중 독일 1위입니다. 독일 시가총액 1위이기도 하네요. 회사의 시작은 1972년이었고, 창업자는 IBM 출신 엔지니어 5명이었습니다. 엔지니어들이다 보니 작명에는 소질이 별로 없었나 봅니다. 1차원적인 이름이 나왔습니다. SAP라는 회사명은 'Systems, Applications, and Products in data processing'의 앞글자

를 따서 만들었습니다. 우연인지 필연인지 자음과 모음이 절묘하게 배치되었고 쉽게 읽을 수가 있는 형태입니다. 그래서 사람들은 쉽게 '쌥'이라 부르게 됩니다. 유럽을 포함해 서양 기업 위주로 사용되던 SAP는 1990년대 대한민국에 상륙합니다. 삼성전자가 SAP 시스템을 도입하게 된 것이죠. '쌥'이 '삽'으로 불리기 시작합니다. SAP라는 시스템이 깔리면서 여러 업무들이 SAP 시스템을 통해 처리됩니다. 그래서 '삽질'이라는 말이 만들어집니다. 요즘 '덕질' 같이 뒤에 질을 붙여 말하는 것이 유행인데 이미 오래 전에도 그런 유행이 있었습니다. 그래서 '삽질'은 회사 생활의 대명사 같은 말이 됩니다(이 부분은 필자의 MSG가 조금 첨부되었음을 알려드립니다.).

　이후 30여 년간, 대한민국 대부분의 대기업은 SAP를 도입하게 됩니다. 전 세계 대부분의 글로벌 기업도 대부분 SAP를 사용하고 있습니다. 어렸을 때 만화영화나 역사를 보면서 세계정복이라는 말에 설레었던 기억이 있습니다. 알렉산드로스 전기를 읽으면서 그가 조금만 더 살았다면 세계정복을 했을 텐데 하며 아쉬워했던 기억도 있습니다. 그게 어떤 고통을 수반하는지 생각할 수 있는 지혜는 없었을 때였지요. 그런데 지금 SAP를 보면 어떤 의미에서 진정한 의미의 세계정복을 한 것 같습니다. 전 세계에서 일어나는 77%의 매출거래가 SAP 시스템을 통해 이뤄지고 있다고 하니까요. 그 비중은 지금 이 순간에도 늘어나고 있을 겁니다. 이렇게 너무 거대해지다 보니 'Systems, Applications, and Products in data processing'의 줄임말이라는 회사명이 사업확장에 방해가 되기 시작합니다. 그래서 과감히 이걸 버리는 결정을 합니다. 그리고 전 세계 고객들과 파트너들에게 이렇게 공표합니다.

"앞으로 SAP는 'Systems, Applications, and Products in data processing'의 앞글자를 딴 것이 아니다. SAP는 고유명사이다. 그래서 '쌥'이라 부르면 틀린 것이다. 또박또박 하나씩 떼어서 읽어라. 우리는 '에스에이피'이다."

이런 노력에도 불구하고 아직 많은 사람들(특히 고인물)은 "쌥", "삽질" 같은 말을 여전히 사용합니다.

HANA는 하나

SAP(에스에이피)는 독일회사로 독일 1위의 소프트웨어 기업이라는 것을 알게 됐습니다. 이제 제품이름이라는 'S/4HANA'에 대해 알아보죠. 일단 S/4와 HANA로 분리하겠습니다. S/4는 'business Suite for'를 의미합니다. Suite의 S와 for를 숫자로 바꾼 것을 더한 겁니다. 호텔의 스위트룸 아시죠. 그 호텔에서 제일 비싼 방이잖아요. 그때 그 스위트(suite)입니다. 감이 오시죠. SAP라는 회사에서 만드는 소프트웨어 솔루션 제품 중에 제일 고급이라는 거죠. 뒤에 있는 'HANA'는 국뽕이 좀 차오릅니다. 우리 말의 '하나'이거든요. 뒤에서 자세히 얘기할 테니 여기서는 간단히

SAP S/4 HANA

Systems
Applications
Products in data processing
business **S**uite for(4)
HANA

설명하겠습니다. 원래 SAP가 자체 데이터베이스 솔루션이 없었습니다. 그래서 2010년대 이전까지만 해도 SAP 구축 프로젝트를 하면 데이터베이스는 오라클 데이터베이스(DB)를 거의 사용했어요. 그렇다 보니 SAP 솔루션 가격만큼 오라클이 돈을 버는 거예요. 오라클 데이터베이스도 무지하게 비쌌거든요. SAP가 얼마나 배가 아팠겠습니까? 데이터베이스 솔루션을 너무나도 갖고 싶었겠죠. 그걸 2011년에 가지게 됩니다. 그게 'HANA DB'였습니다.

HANA DB는 서울대학교 전기컴퓨터공학부 차상균 교수가 제자들과 함께 설립한 TIMTransact in Memory, Inc.에서 개발을 시작했습니다. 안타깝게도 국내 투자자를 구하지 못해 2002년 미국 실리콘밸리에 미국 법인을 세웠고, 2005년에 SAP가 TIM을 인수했습니다. 이후 6년 동안 추가로 개발해서 2011년 6월에 초기 버전이 출시되었고, 현재 SAP의 기본 데이터베이스로 사용하고 있습니다. 얼마나 중요했으면 제품명에도 넣었습니다. 그도 그럴 것이 HANA DB가 나오기 전까지 SAP 제품의 가장 큰 약점이 속도 문제였습니다. 대용량의 데이터가 만들어지고 처리되다 보니 절대적인 처리 시간이 필요했고, 그렇다 보니 복잡한 화면의 경우 조회 버튼을 클릭하면 수십 분이 지난 후에 결과가 나오기도 했습니다. HANA DB가 획기적인 구조를 도입해서 이 문제를 대부분 해결한 겁니다. 얼마나 이쁘겠습니까?

정리해 보면 'S/4HANA'는 'business Suite for HANA'가 되고 풀이하면 "HANA 데이터베이스 기반으로 만든 프리미엄 제품"이 되는 거죠.

조금 더
알아보자

HANA의 강점

　　　　　SAP가 획기적으로 바뀐 것이 두 번 있습니다. SAP라는 회사를 ERP 솔루션의 대표로 만든 SAP R/3와 하나 데이터베이스가 반영된 SAP S/4HANA입니다. 한글 '하나'라서 한국인에게는 더 와 닿습니다. 어떤 변화가 있었길래 SAP는 HANA DB(데이터베이스, Database)를 이렇게 강조할까요? SAP의 가장 큰 고민 두 가지를 한꺼번에 해결했기 때문입니다. 첫 번째 고민은 Oracle을 대체할 자체 데이터베이스를 갖고 싶다는 것이었고, 두 번째는 엄청난 데이터 처리량 때문에 항상 지적받았던 처리 속도였습니다. 그래서 SAP는 '속도가 빠른 SAP 소유의 데이터베이스'를 갈망했습니다. 그 꿈을 HANA DB가 이뤄준 겁니다.

　솔직히 저는 SAP의 혁신에 대한 발표를 잘 믿지 않습니다. 항상 별 차이가 없었거든요. 기술적인 부분이 많았고, 피부에 와닿지 않는 경우가 많았습니다. 그런데 HANA는 달랐습니다. 처리 속도에서 정말 엄청난 변화를 만들어 냈습니다. 획기적인 속도의 개선은 HANA DB의 두 가지 특성에서 나옵니다. 먼저 HANA DB는 기존 디스크 기반 DBMS(데이터베이스 관리 시스템)의 한계인 디스크 입출력Disk I/O 병목 현상을 없앴습니다.

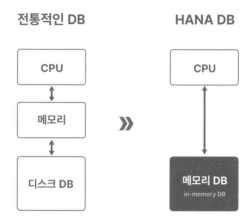

　전통적인 디스크 DB의 경우 CPU와 데이터베이스가 바로 연결되지
않습니다. CPU에서 계산을 하려면 입력 값을 디스크 DB에서 가져와
메모리에 올립니다. 메모리에 있는 입력 값을 CPU가 계산을 하면 그 결
과를 메모리에서 다시 디스크 DB로 보냅니다. 이 과정을 '디스크 입출
력'이라고 합니다. 여기서 병목이 발생하는 데 디스크 DB의 속도가 메
모리보다 현저히 느리기 때문입니다. HANA DB는 혁신적인 구조로 이
과정을 제거합니다. CPU와 데이터베이스를 바로 연결한 거죠. 이를 '인
메모리In-memory 구조'라고 합니다.

두 번째는 컬럼 데이터베이스Column DB 구조입니다. 전통적인 데이터베이스의 데이터 저장 구조는 왼쪽과 같습니다.

Company [CHAR50]	Region [CHAR30]	Group [CHAR5]
INTEL	USA	A
Siemens	Europe	B
Siemens	Europe	C
SAP	Europe	A
SAP	Europe	A
IBM	USA	A

»

0 INTEL 1 Siemens 2 SAP 3 IBM	0 Europe 1 USA	0 A 1 B 2 C
0	1	0
1	0	1
1	0	2
2	0	0
2	0	0
3	1	0

회사 정보를 저장하는 DB라는 회사명, 지역, 그룹 등의 관리해야 할 정보를 열Row에 순차적으로 저장하는 형태죠. Europe이라는 정보를 보면 똑같은 정보가 반복적으로 처리됩니다. HANA DB는 이것을 획기적으로 바꿉니다. Europe이라는 정보를 짧고 빠르게 처리할 수 있는 숫자 0으로 대치합니다. 그리고 0이 Europe이라는 정보를 색인으로 따로 가지고 있는 거죠. 이렇게 되면 DB에는 그림처럼 숫자들이 데이터로 저장되게 됩니다. 왼쪽에 비해 훨씬 단순하죠.

정리해 보면 HANA DB는 인메모리 구조로 디스크 입출력 병목 현상을 제거했고, 컬럼 형태 저장Column Store으로 대용량 데이터 처리 및 고밀도 압축 기능을 제공합니다. 결과는 저장 공간 최소화(기존의 20% 수준)와 엄청난 속도 개선(평균 10배 이상 빨라짐)이었죠.

2024년식 SAP S/4HANA

겨우 산 하나 넘었다고 생각했는데 뒤에 뭐가 또 있습니다. 'Cloud, Private Edition'이라는 또 다른 암호가 붙었습니다. 어렵게 생각하지 마세요. 그냥 제품명일 뿐입니다. 단지 생소한 제품일 뿐이죠. 바로 훅 들어가면 심장마비 걸리니까 익숙한 자동차 제품 라인업을 먼저 살펴보겠습니다. 보통 승용차를 어떻게 분류하나요? 다양한 관점이 있을 수 있지만, 저는 크게 배기량과 연료를 기준으로 나눠 봤습니다.

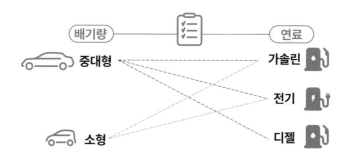

　　보통 2000cc를 기준으로 그 이상이면 중대형, 미만이면 소형으로 구분합니다. 여기에 사용하는 연료를 기준으로 다시 분류할 수 있습니다. 이 두 가지를 조합하면 모델이 나오겠죠. 현대자동차의 중대형에 속하는 제네시스 브랜드를 예로 들어 보겠습니다. 제네시스 브랜드 중 GV80이 중대형 브랜드 중 하나이죠. SAP와 비교하면 GV80은 S/4HANA가 됩니다. 기억하시죠. S/4가 'business Suite for HANA'였잖아요. Suite는 프리미엄 브랜드라는 의미죠. 그렇다면 소형에 해당하는 것도 SAP에 있을까요? 있긴 합니다. 'Business One'이라는 중견/중소기업을 위한 솔루션이 있습니다. 하지만 SAP의 주력은 아닙니다. 그래서인지 많이 사용되지는 않습니다. 그럼 중견기업이나 중소기업은 SAP와 유사한 시스템을 사용하지 않는 걸까요? 합니다. 대신 다른 회사의 비교적 저렴한 제품을 사용합니다. 버스타면 자주 광고하는 회사들이죠. '월 4만 원, ○○○○ ERP' 익숙하시죠. 뒤에서 말하겠지만 SAP

S/4HANA도 ERP라는 시스템의 한 브랜드입니다.

현대자동차 매장에 가서 GV80 달라고 하면 출고가 되나요? 두 가지를 최소한 더 선택해야 합니다. 가솔린인지, 디젤인지, 전기인지 선택해야 하고 몇 년식인지까지 정해야 합니다. 결국 이렇게 되겠네요. "GV80 가솔린 2024년식". 이걸 SAP에 그대로 대입하면 됩니다.

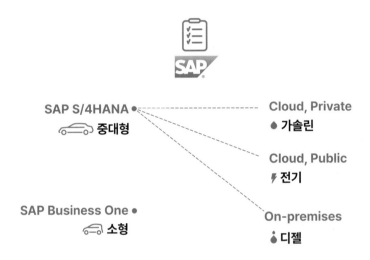

마치 GV80이 세 가지 연료를 사용하는 모델이 있듯이 SAP S/4HANA를 세 가지 방식으로 제공할 수 있는 겁니다. 크게 두 가지로 먼저 나눌 수가 있습니다. 클라우드Cloud냐, 온프레미스On-premises냐. 둘의 차이는 서버나 스토리지를 포함한 IT 자산을 우리가 직접 관리하느냐, 빌리느냐의 차이입니다. 우리가 직접 사서 우리 회사 안에 두고 우리

직원이 관리하면 '온프레미스', 아마존이나 MS, 구글 같은 회사의 서비스를 빌려서 사용하면 '클라우드'라고 이해하시면 됩니다. 클라우드는 다시 두 가지로 나뉘어집니다. 휴가를 간다고 상상해보시죠. 돈이 좀 더 들어가더라도 우리 가족만 오붓하게 보내고 싶습니다. 어디를 가시죠. 프라이빗Private 풀빌라 같은 곳에 가실 겁니다. 이렇게 보안이나 데이터 보호를 위해 빌려 쓰지만 우리 회사만 접근할 수 있도록 하는 것을 '프라이빗 클라우드Private Cloud'라고 합니다. 다른 회사와 공유해서 빌리는 것은 '퍼블릭 클라우드Public Cloud'입니다. 아무래도 저렴하겠지요.

'SAP S/4HANA Cloud, Private Edition 2024', 정리하면 이렇게 되겠네요.

HANA 데이터베이스 기반 2024년식 프라이빗 클라우드 프리미엄 제품

02

SAP가 걸어온 길

풀네임은 이제 익숙해졌습니다. 계속 SAP S/4HANA Cloud, Private Edition을 쓰면 원고가 빨리 길어지겠지만 저는 양심적인 필자라 앞으로는 SAP로 통일하겠습니다.

1990년대에서 2000년대까지 비교적 이른 시점에 SAP를 도입한 회사에서 일하신 분들은 S/4HANA(에스포하나)보다는 R/3(알쓰리)라는 이름이 익숙하실 겁니다. 지금도 그렇게 부르시는 분이 많고요. SAP 제품 중 본격적으로 글로벌하게 팔린 버전이기 때문입니다. 이름으로 유추해 보면 R/1, R/2도 있을 것 같습니다. 진짜 그런지 한번 확인해 보겠습니다.

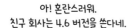

* **EoS**(End of Service): 오래된 버전의 솔루션을 더 이상 유지보수하지 않는 것

제품명	출시 시점
SAP R/1 System RF	**1973년**
SAP R/2 Mainframe System	**1979년**
SAP R/3 Enterprise Edition 1.0	**1992년 7월**
SAP R/3 Enterprise Edition 3.0B	1998년 4월
SAP R/3 Enterprise Edition 3.1	1998년 5월
SAP R/3 Enterprise Edition 4.3	1998년 6월
SAP R/3 Enterprise Edition 4.5B	1999년 3월
SAP R/3 Enterprise Edition 4.6B	1999년 12월
SAP R/3 Enterprise Edition 4.6C	2000년 4월
SAP R/3 Enterprise Edition 4.7	2002년 7월
SAP ERP Central Component (ECC) 5.0	**2004년 6월**
SAP ERP Central Component (ECC) 6.0	2005년 10월
SAP Suite on HANA (SoH)	**2013년 3월**
SAP S/4HANA 1511	**2015년 11월**
SAP S/4HANA 1610	2016년 10월
SAP S/4HANA 1709	2017년 9월
SAP S/4HANA 1809	2018년 9월
SAP S/4HANA 1909	2019년 9월
SAP S/4HANA 2020	2020년 7월
SAP S/4HANA 2021	2021년 7월
SAP S/4HANA 2022	2022년 7월
SAP S/4HANA 2023	2023년 7월

▲ SAP 버전과 출시 시점

SAP 모든 제품의 출시일은 아니지만, 주요한 버전을 정리했습니다. 그 중에서도 우리가 주목해야 할 버전은 굵게 표시된 것들입니다. SAP의 역사는 IT의 역사와 맞닿아 있습니다. 그래서 옛날 이야기 좀 하겠습니다.

R의 시대, R/1에서 R/3까지

기업이 일을 하는데 컴퓨터를 본격적으로 사용하기 시작한 것이 1970년대였습니다. SAP 창업이 1972년이었고 SAP의 첫 버전인 R/1의 출시가 1973년 3월입니다. 귀한 자원이자 신기술을 어디에 가장 먼저 사용했을까요? 아무래도 돈을 관리하는 것이었겠죠. 그래서 기업의 정보 시스템은 회계 처리를 위한 시스템으로 시작합니다. SAP R/1도 회계 처리 시스템이었습니다.

SAP R/1 System RF	1973년
SAP R/2 Mainframe System	1979년
SAP R/3 Enterprise Edition 1.0	1992년 7월

회사 일에 컴퓨터를 사용해 보니 생산성도 높아지고 생각보다 괜찮습니다. 그 시점에 호황이 왔고, 만들면 만드는 대로 물건이 팔려나가

기 시작합니다. 최대한 빨리 생산할 수 있도록 필요한 자재 수량을 자
동으로 계산하는 것이 필요해집니다. 그래서 '자재 소요량'을 관리하는
MRPMaterial Requirement Planning, 자재 소요량 계획라는 것이 추가됩니다. 사
람이 손으로 계산해서 처리하던 것을 컴퓨터로 하니 정확해지고 속도
가 빨라지는 거예요. 일하는데 컴퓨터를 점점 더 많이 사용하게 됩니다.
이 시점 어딘가에 SAP R/2가 출시되죠. 기업은 컴퓨터 시스템 활용에
박차를 가합니다. 자재 소요량뿐만 아니라 생산에 필요한 자원 전체를
관리할 수 있도록 영역을 넓히게 되는데, 이것을 'MRP II'라고 합니다.

  생산 자원이 어느 정도 관리되자, 회사의 나머지 부분이 눈에 들어옵
니다. 영업, 구매, 품질, 서비스, 개발 등의 부분도 전체 회사 차원에서 더
효율적으로 관리하고 싶어진 것이죠. '개발부터 서비스까지 회사 전체
의 운영 프로세스를 통합적으로 관리하는 것'을 많이 들어 보지 않으셨
나요? 전사적 자원 관리, 바로 ERPEnterprise Resources Planning입니다.

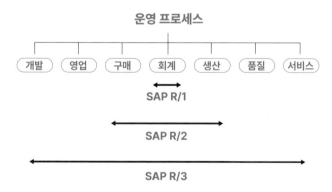

SAP도 ERP를 완성하기까지 쉽지 않았나 봅니다. R/2에서 R/3가 출시되기까지 13년이 걸렸으니까요. 이때부터 SAP는 시장에서 두각을 나타내기 시작합니다. 그래서 우리가 SAP를 ERP라 기억하고 있는 겁니다.

이때부터 2004년까지 SAP는 안정기를 가집니다. R/3라는 제품명을 그대로 두고 버전만 올리기 시작하니까요. '0.0'의 형식으로 아주 큰 변화는 소수점 앞을 올리고 비교적 소규모 개선은 소수점 뒤를 올렸습니다. 간혹 숫자 뒤에 알파벳을 붙이기도 했습니다. 그렇게 10년 정도를 R/3로 제품명을 유지하면서 버전을 4.7까지 올렸습니다.

SAP R/3 Enterprise Edition 4.7	2002년 7월
SAP ERP Central Component (ECC) 5.0	2004년 6월

ERP로 개명하다

2004년에 다시 큰 변화가 생깁니다. SAP R/3라는 제품명이 SAP ERP로 바뀝니다. SAP R/3부터 자타공인 ERP의 대표주자였는데 왜 갑자기 제품의 이름에 ERP를 넣은 것일까요? 버전은 4.7에서 5.0으로 올려 연속성을 유지하면서요. 이 시점이 인터넷이 대중화되고 세계화가 한참 진행될 때입니다. 이런 변화에 편승해 정보 시스템도 다양해지고 세분

화되었습니다. 그 전까지는 ERP가 회사 운영 시스템의 거의 전부였는데 시스템에도 전문화의 시대가 열린 것입니다. SAP도 관련 제품을 출시합니다. 이제 ERP 이외의 제품도 유의미해졌기 때문에 R/3를 ERP로 변경해 다른 제품과 구분하려 한 것이죠.

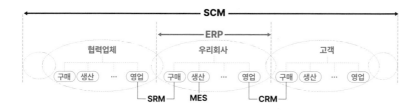

세계화로 경쟁이 심화되고 해외에 고객과 협력업체가 많아지면서 이제 우리 회사만 효율적으로 운영하는 것만으로 살아남을 수 없게 됩니다. 그래서 협력업체와 협력업체의 협력업체, 고객과 고객의 고객까지 관리해야 한다는 공급망 관리SCM, Supply Chain Management라는 개념이 인기를 끌고 'SCM 시스템'이라고 부릅니다. 확장만 된 것이 아닙니다. 시스템의 전문화도 진행됩니다.

협력업체 관리는 SRM협력업체 관계 관리, Supplier Relationship Management 으로 전문화되고, 고객 관리는 CRM고객 관계 관리, Customer Relationship Management 시스템으로 전문화됩니다. 회사 내부의 시스템도 더 많아지고 전문화됩니다. 경영 의사결정을 지원하는 BIBusiness Intelligence, 창고 관리를 위한 WMSWarehouse Management System, 특히 생산 실행을 세밀히 관리하는 MESManufacturing Execution System 등이 적극적으로 도입되기 시작합니다.

개발	구매	제조	물류	마케팅	판매	서비스	경영지원
PLM	**SRM**	**MES**	**WMS**		**CRM**		**BI**
Product Lifecycle Management	Suppliers Relationship Management	Manufacturing Execution System	Warehouse Management System		Customer Relationship Management		Business Intelligence
제품수명주기 관리	공급업체 관계관리	제조실행 시스템	창고관리 시스템		고객관계 관리		경영정보 관리시스템

APS Advanced Planning System	수요 - 공급 계획 관리
ERP Enterprise Resources Planning	전사 자원 관리 재무 / 회계 관리
MDM Master Data Management	기준정보 관리

SAP도 주력 제품인 ERP 외에 PLM, SRM, CRM, APS 등의 영역에서 솔루션을 출시하거나 관련 회사를 인수해 내재화했습니다. 하지만 아직은 ERP가 주류였기 때문에 ERP를 제외한 나머지 솔루션들을 합쳐서 확장ERPExtended ERP라고 부르기도 했습니다.

SAP ERP라는 제품으로 또 10년 정도를 유지합니다. 모아 놓고 보니 SAP는 10년마다 큰 변화를 했군요.

조금 더
알·나보자

시스템, ERP, SAP의 관계

고객사의 회장님이나 CIO가 컨설턴트에게 던지는 단골 질문이 있습니다.

"비싸고 복잡한 SAP를 우리가 왜 해야 합니까?"

바로 그때, 이런 드립을 치곤 했습니다.

"회장님, 외람되지만 차량은 어떤 모델을 사용하고 계십니까?"

대부분 국내 최고급 승용차나 고급 외제차를 말씀하십니다. 말이 끝나기 무섭게, '승용차도 여러 등급이 있다. 가족이 많은 사람은 SUV, 멋쟁이는 스포츠카처럼 개인의 기호와 필요에 따른 선택을 한다. 승용차는 특히 사회적 지위를 반영한다. 시스템도 마찬가지다. 회사의 필요에 따라 ERP, MES, SRM, CRM, PLM, BI 등에서 선택하고, 만약 ERP를 선택했다면 그중에서 우리 회사 수준에 맞는 것을 골라야 한다. 회장님처럼 지금 우리 회사가 벤츠를 타야 할 수준에 왔으니 ERP의 벤츠인 SAP를 고르시면 된다.' 성공률은 크게 높지 않았습니다. 그래서 몇 번

쓰다가 말았습니다. 경차 타신다는 분이 계셨고, '우리 회사는 아직 멀었네' 하는 분이 계셔서 민망한 상황에 빠지기도 했죠.

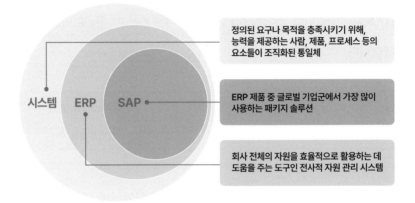

시스템   ERP   SAP

정의된 요구나 목적을 충족시키기 위해, 능력을 제공하는 사람, 제품, 프로세스 등의 요소들이 조직화된 통일체

ERP 제품 중 글로벌 기업군에서 가장 많이 사용하는 패키지 솔루션

회사 전체의 자원을 효율적으로 활용하는 데 도움을 주는 도구인 전사적 자원 관리 시스템

시스템과 ERP, SAP의 관계는 마치,
자동차 > 승용차 > 벤츠의 관계와 유사하다

한참의 시간이 지나고 보니, 그 컨셉만큼은 좋았던 것 같습니다. 기업을 잘 운영하고 최적화하기 위해 사용하는 시스템은 수없이 많죠. 그중에서 전사의 모든 자원을 효율적으로 관리하기 위한 툴이 ERP입니다. 그중에서 ERP를 가장 잘 만드는 회사가 SAP, 제품이 SAP S/4HANA인 것이죠.

HANA의 시대

2013년에 드디어 우리가 알고 있는 HANA 데이터베이스를 적용한 제품이 나옵니다. 얼마나 큰 일이었는지 제품명 자체가 Suite on HANA(SoH)입니다. 하지만 이때는 약간 과도기였고 기능도 약간 불안했습니다.

SAP Suite on HANA (SoH)	2013년 3월
SAP S/4HANA 1511	2015년 11월

진정한 HANA 기반의 버전은 2015년에 출시됩니다. 우리가 잘 알고 있는 SAP S/4HANA입니다. 이때부터 버전 관리 체계도 바뀝니다. SAP가 처음에는 자주 업그레이드 버전을 출시하려 했나 봅니다. 년과 월을 합한 'YYMM' 형식으로 발표했거든요. SAP S/4HANA의 최초 버전은 1511입니다. 15년 11월에 출시했다는 의미지요. 이 체계로 1909까지 발표합니다. 그리고는 2020년부터 'YYYY'로 버전 체계를 다시 바꿉니다. 지금은 매년마다 한 번씩 새로운 버전을 발표하고 있습니다.

제품명	버전	비고
SAP R/3	ECC4.7	1.0~4.7
SAP ERP	6.0	5.0~6.0
SAP S/4HANA	1709	연월
SAP S/4HANA	2020	연도

지금까지 제품명을 헤쳐보면서 SAP S/4HANA를 알아봤습니다.

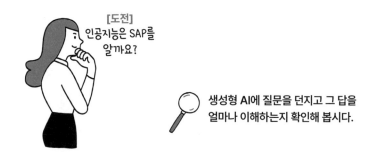

저는 국산 생성형 AI(클로바X)에 이렇게 질문을 던졌습니다.

👤 SAP S/4HANA를 키워드 3개로 설명해 줘.

✴️ SAP S/4HANA는 SAP SE(SAP 주식회사)에서 개발한 차세대 전사적 자원 관리(ERP) 소프트웨어입니다.

1. 인메모리 데이터베이스: SAP S/4HANA는 인메모리 데이터베이스를 기반으로 합니다. 이를 통해 빠른 데이터 처리와 실시간 데이터 분석을 가능하게 합니다.

2. 통합된 비즈니스 프로세스: SAP S/4HANA는 구매, 생산, 판매, 재무 등 다양한 비즈니스 프로세스를 통합하여 제공합니다. 이를 통해 업무 효율성을 높이고, 데이터를 효과적으로 관리할 수 있습니다.

3. 클라우드: SAP S/4HANA는 클라우드 환경에서도 운영이 가능합니다. 이를 통해 인프라 비용을 절감하고, 비즈니스 환경 변화에 빠르게 대응할 수 있습니다.

생각보다 많은 부분이 이해가 되시죠. SAP와 조금 친해지신 겁니다. 차근차근 볼까요? SAP SE에서 SE는 'Societas Europaea'의 약자로 유럽에 있는 회사라는 뜻입니다. 전사적 자원 관리(ERP)라는 말은 이미 익숙하시죠. 키워드로 내려가 보겠습니다.

제일 먼저 '인메모리 데이터베이스'라는 말이 나옵니다. 대충 DB를 메모리 기반으로 돌려서 속도를 빠르게 한다는 의미로 보입니다. 이건 새로운 걸까요? 이미 알고 계십니다. 바로 HANA 데이터베이스가 인메모리 데이터베이스입니다.

두 번째 키워드는 '통합된 비즈니스 프로세스'입니다. 내용을 보니 구매, 생산, 판매, 재무 등의 비즈니스 프로세스를 통합 관리한답니다. 이 말은 SAP S/4HANA라는 ERP 시스템이 회사의 어떤 업무 영역들을 커버하느냐를 설명하는 것입니다.

마지막 키워드인 클라우드는 SAP가 만만해진 이유입니다. 클라우드 서비스가 대중화되기 전에 SAP를 도입한다는 것은 대기업 반열에 올랐다는 의미였습니다. 일단 SAP 시스템 구축에 큰 돈이 들었습니다. 더 문제는 구축 이후였습니다. SAP는 복잡한 시스템이다 보니 운영에 많은 사람이 필요했습니다. SAP가 돌아가는 서버나 스토리지 등을 관리하는 인력이 있어야 했고, 변경되거나 새롭게 생기는 프로세스에 따라 프로그램을 개선하는 인력도 필요했습니다. 최소 20여 명 정도 필요했죠. 웬만한 기업은 감당할 수 없는 수준입니다. 클라우드 서비스가 활성화되면서 이런 부담이 줄어듭니다. 일단 IT인프라(서버, 스토리지 등)는 거의 대부분 빌려 쓸 수 있게 되었습니다. 또 클라우드 자체가 원격 관리가 기본이다 보니 프로그램을 개선하는 팀도 굳이 회사 안에 있을 필요가 없어집니다. IT인프라처럼 다른 회사에 위탁할 수 있게 된 거죠.

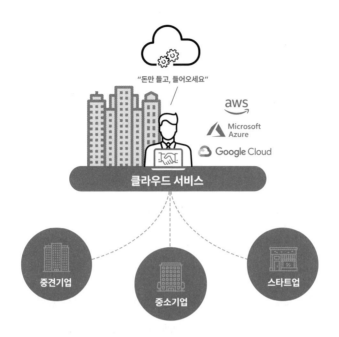

　코로나 기간 동안 성장이 지지부진하던 클라우드 서비스 영역이 폭발적으로 성장합니다. 특정 시장이 의미가 있어지면 생긴다는 3대장도 뚜렷해졌습니다. 원래 강자였던 아마존의 AWS 외에 MS와 구글도 애저Azure와 구글 클라우드Google Cloud로 참전하죠. 지금은 이들이 전 세계의 클라우드 서비스 시장을 석권하고 있습니다. 과거에 사업을 시작하려면 토지, 자본, 인력이 필요했다면 지금은 아이디어와 시스템만 있으면 되는 세상이 되었습니다. 클라우드 서비스 덕분에 과거에 시스템을 생각도 못하던 중소기업, 갓 사업을 시작하는 스타트업까지 높은 수준의 시스템을 사용하는 시대가 됐습니다. 덩달아 SAP도 많이 만만해지고 있습니다.

조금 더
알아보자

클라우드 서비스

2022년 10월 15일 경기도 성남시 분당에 위치한 에스케이씨앤씨SK C&C 데이터센터 지하 전기실에서 화재가 발생합니다. 이로 인해 카카오와 네이버 등 이곳에 서버를 두고 있는 업체들의 인터넷 서비스가 줄줄이 먹통이 되는 사고가 발생했습니다. 화재는 발생 8시간여 만인 이날 오후 11시 46분 완전 진화됐으나, 이로 인해 빚어진 카카오 먹통 사태는 2010년 카카오톡이 처음 출시된 이래 최장 기간, 최대 규모 서비스 장애였습니다. 이 사건에서 사람들이 가장 이상하게 생각한 것이 카카오톡 장애가 났는데 에스케이씨앤씨SK C&C라는 회사가 소환되었다는 것이었습니다.

이런 상황이 벌어진 이유가 카카오톡이 서버나 스토리지 등을 자사가 소유하지 않고 다른 회사에서 빌려 쓰고 있었기 때문입니다. 클라우드 서비스를 한마디로 정의하라면 비싼 서버와 스토리지 같은 정보 시스템 자산이 필요할 때 필요한 만큼만 빌려 쓰는 것입니다.

여기서 근본적인 하나의 문제가 발생합니다. '대체 어디까지 빌려야 할까?'의 문제죠. 내가 쓰고 싶은 기능이 전부 들어가 있고, 가격까지 내 마음에 쏙 드는 서비스를 살 수 있다면 전혀 문제가 없습니다. 그런데 그게 그렇지가 않죠. 만약 그런 것이 있다고 해도 또 문제는 있습니다. 나와 비슷한 사업을 하는 경쟁자들도 동일한 시스템을 사용할 것이기 때문입니다. 그러면 차별화를 통한 경쟁력을 가지기 어려울 겁니다. '배달의민족'과 '요기요' 서비스를 생각해 볼까요? 사실 두 기업의 비즈니스 모델에 근본적인 차이는 없습니다. 단지 앱과 이것을 뒷받침하는 시스템이 달랐을 뿐입니다. 그래서 시스템 자원을 어디까지 다른 회사에서 빌리는지에 따라 여러 유형이 만들어집니다.

먼저 자원을 빌리느냐, 빌리지 않느냐에 따라 '자체 구축On-premises, 온프레미스 방식'과 '클라우드'로 나눌 수 있습니다. 자체 구축은 클라우드가 대중화되기 전에 시스템을 도입하던 전통적인 방법이고, 지금도 대규모 기업의 많은 시스템이 이 형태로 구축되어 운영되고 있습니다. 돈과 노력이 많이 들어가는 대신 우리 회사에 딱 맞춘 시스템을 얻을 수 있습니다. 물론 프로젝트가 잘 되었을 경우에 말이죠.

요즘에는 클라우드를 더 강조하고 있으니 클라우드에 대해 편파적인

항목	자체 구축	클라우드
경제성	최고치 사용량 기준으로 서버, 스토리지 및 소프트웨어를 구매하므로 피크타임 외에는 자원 낭비	사용 기능, 기간 기준으로 계약하므로 낭비가 없음
유연성	서버나 시스템을 확장하기 어려움 (더 필요한 용량을 산정하고 필요한 만큼 자원을 구매해야 함)	계약 변경을 통해 더 필요하면 시스템을 확장하고 불필요한 경우에는 간단히 축소도 가능
가용성	변경이나 장애 발생 시 시스템 이중화 및 백업 등의 조치가 필요하고 일시적인 중단이 발생함	서비스 제공업체가 알아서 해줌
구축 기간	설계, 개발, 테스트 등의 과정을 모두 거쳐야 하고, 하드웨어와 소프트웨어를 구매하고 설치하는 데 비교적 긴 시간이 소요됨	서비스 제공업체가 준비된 자원을 활용하므로 신속하게 시스템 구축 가능

관점에서 비교해 보겠습니다.

적고 보니 너무 편파적이네요. 이것이 완벽한 진실이면 세상 어디서도 자체 구축은 없겠죠. 클라우드의 단점은 장점처럼 보이는 곳에 숨어 있습니다. 예를 들어, 표의 세 번째 항목인 가용성에서 클라우드는 서비스 제공업체가 알아서 해 준다고 했는데, 알아서 해 주지 못할 때 문제가 되는 거죠. 한마디로 서비스 제공업체의 실력에 많은 부분을 의존하게 됩니다.

앞에서 예로 들었던 카카오톡 장애가 좋은 사례입니다. 백업 계획이 세워져 있지 않을 경우에는 잘못하면 모든 고객 정보나 거래 정보 등을 잃을 수도 있습니다. 그럼에도 불구하고 대세는 클라우드입니다. 대신 계약 조건을 꼼꼼히 챙기고 있죠. 거기다가 서비스 제공업체들도 운영 노하우가 쌓이면서 이런 리스크가 점차 줄어들고 있습니다.

클라우드 서비스는 어디까지 빌리느냐에 따라 세 가지 유형으로 나눠 보겠습니다. 빌리는 정도에 따라 조금 빌리는 것을 이아스(IaaS), 적당히 빌리는 것을 파스(PaaS), 전부 빌리는 것은 사스(SaaS)라고 합니다.

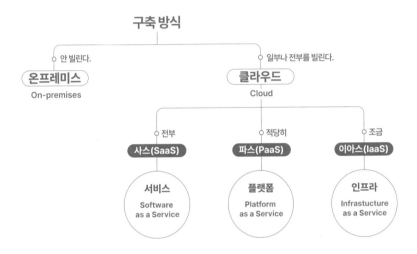

▲ 얼마나 빌리느냐에 따른 구축 방식의 분류

전부 빌리는 것은 명확한데, 적당히 빌리는 것과 조금 빌리는 것은 애 매합니다. 이해를 돕기 위해 비유를 들어보겠습니다. 팀장이 직원들을 위한 공연을 기획하라는 지시를 받았습니다. 당장 다음 주부터 공연을 무대에 올려야 합니다. 어떻게 할 건가요?

힘들긴 하지만 소극장을 하나 빌려서 스스로 무대를 만들고 공연까지 준비하는 방법이 있습니다. 소극장만 빌리는 형태죠. 이것은 '이아스(IaaS)'입니다. 극장 주인에게 내가 원하는 무대까지 요청해서 만들어 달라고 하고 공연만 내가 스스로 준비할 수 있습니다. 이것은 '파스(PaaS)'입니다. 마지막으로 공연의 컨셉만 대행사에 알리고 모든 것을 맡기는 방법이 있는데, 이것은 '사스(SaaS)'입니다.

▲ 서비스 제공 영역에 따른 분류

세 가지 모델 중에서 우리 회사의 상황에 맞는 모델을 잘 선택해야 합니다. 무조건 자체 개발보다 클라우드가 좋고, 클라우드 중에서도 IaaS보다 SaaS가 우수한 것은 아닙니다. 사실 우리 회사에 딱 맞는 시스템 체계를 가지고 싶다면 SaaS보다는 IaaS가, 클라우드보다는 자체 구축이 훨씬 유리합니다. 우리 회사가 처한 상황과 경영 환경에 맞춰 때로는 하나 이상의 전략을 섞어서 사용해야 할 수도 있습니다. 이 세 가지 모델을 미국 표준기술연구소에서 다음 표와 같이 정의했습니다.

서비스 모델	설명
IaaS Infrastructure as a Service	● 인프라 수준의 클라우드 서비스. 고객이 서비스 제공자의 서버에서 자신의 운영체제나 애플리케이션을 직접 관리하고 서비스를 사용함 ● 서버, 스토리지 등의 하드웨어 요구사항(스펙), 사용할 소프트웨어의 종류와 버전, 운영체제 등을 구체적으로 요구해야 함
PaaS Platform as a Service	● 플랫폼 수준의 클라우드 서비스. 고객이 서비스 제공자의 운영체제와 도구 등 플랫폼을 활용해 자신의 애플리케이션을 서비스함 ● 사용하고 싶은 응용 프로그램을 제외한 나머지 모두를 위임, 개발 플랫폼(무대에 해당)까지 서비스 제공업체에서 제공하고 사용하려는 응용 프로그램의 기능만 구현하여 서비스함
SaaS Software as a Service	● 애플리케이션 수준의 클라우드 서비스. 고객이 서비스 제공자의 애플리케이션에 접근함 ● 원하는 기능과 결과를 제공할 수 있는 서비스를 찾아서 사용

한 가지 문제가 더 남아 있습니다. 서비스 유형에 따라 정도의 차이는 있겠지만, 다른 회사와 시스템 자원을 공유하거나 서비스 제공사가 우리 일을 대행함으로써 발생하는 보안과 안정성 문제입니다. 이 과정에서 클라우드 서비스는 다시 두 가지로 나뉩니다. 퍼블릭Public 모델과 프라이빗Private 모델입니다.

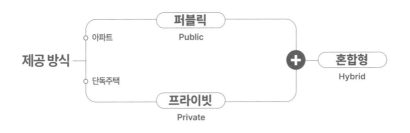

서비스 제공 방식	내용
퍼블릭 (Public)	● 일반 대중들이 사용할 수 있게 만든 B2C형 클라우드 인프라 및 플랫폼 ● 일반 대중들에게 서비스 접근이 허용되고, 인프라와 플랫폼의 소유권은 서비스 제공자에게 있음
프라이빗 (Private)	● 특정 조직 안에서만 운영되고 접근이 가능한 폐쇄적인 B2B형 클라우드 인프라 및 플랫폼 ● 사내망에서 구현되며 온(On) 사이트이거나 오프(Off) 사이트로 구축됨
하이브리드 (Hybrid)	● 둘 이상의 상호 호환이나 운영이 가능한 다양한 업체의 퍼블릭 또는 프라이빗 클라우드가 조합된 클라우드 인프라 및 플랫폼 ● 표준 인터페이스와 프로토콜을 통해 이식성이 뛰어난 애플리케이션 배치 ● 보통 프라이빗 클라우드의 용량이 부족한 경우 퍼블릭 클라우드에서 신속하게 컴퓨팅 자원을 할당받을 수 있게 함

집에 비유하면 주인이 개인의 프라이버시와 보안을 중시한다면 자신만의 저택인 프라이빗Private 모델을 선택해야 합니다. 반면 프라이버시와 층간 소음 문제는 좀 포기해도 저렴한 관리비에 쾌적한 생활을 원한다면 아파트에 해당하는 퍼블릭Public 모델을 선택해야 합니다. 두 가지가 적절히 섞여야 한다면 복합형인 하이브리드Hybrid 모델을 채택해야 할 겁니다.

이제 누군가 이런 말을 한다고 해도 이해가 가실 겁니다.

퀴즈 나갑니다.
이것은 무슨 뜻일까요?

Azure의 PaaS 서비스에 SAP S/4HANA를 Private Cloud 형태로 제공합니다.

03

SAP는 ERP 패키지
솔루션입니다

　　　SAP의 역사를 이야기하면서 ERP에 대해 잠깐 언급했었습니다. ERP는 우리 회사가 가진 모든 자원(돈, 설비, 인력 등)을 최적으로 잘 활용하기 위한 시스템이라고요. 그러기 위해서는 비즈니스 프로세스를 각각 개별적으로 관리해서는 안 되고 통합해서 관리해야 합니다. 이런 것을 잘하게 돕는 체계 혹은 시스템이 ERP라는 개념이고 ERP를 솔루션 형태로 많은 회사가 만들었던 거죠. 그중에 가장 성공한 회사가 SAP입니다. SAP는 R/3라는 제품을 출시하면서 전 세계적으로 대표적인 ERP 솔루션이 됩니다. 그래서 SAP하면 ERP가 연상됩니다. 정리하면 SAP, 그중에서 **"SAP S/4HANA는 ERP 패키지 솔루션"**입니다.

ERP의 핵심은 전체 최적화

'ERP 패키지 솔루션' 중에서 ERP라는 개념에 대해 먼저 알아보겠습니다. 살다 보면 돈이 새는 경우가 있습니다.

대청소를 하다 보니 서랍마다 배터리가 그득합니다. 가족회의를 소집합니다. 이게 무슨 일이냐? 각자 해명해 봐라 했습니다. 그랬더니 이유가 다양합니다. 아들은 학교 실습시간에 필요해 샀답니다. 2개만 필요했는데 4개짜리 포장밖에 없어서 2개가 남았대요. 저도 하나 샀더군요. 마우스 배터리가 나가서 회사에서 급하게 샀습니다. 2개만 필요했지만 8개 포장제품에 2개가 공짜로 붙어 있어서 기분 좋게 샀습니다. 마눌님은 대형쇼핑몰에서 할인한다고 박스째 샀답니다. 부분적으로는 다 이유가 있고 알뜰하기까지 합니다. 그런데 너무 많이 사 놓다 보니 시간이 지나도 다 사용하지 못합니다. 배터리는 시간이 지나면 방전이 되죠. 결국 못 쓰게 되어 반 이상 버리게 됩니다. 이런 상황을 '부분 최적화'라고 합니다.

회사에서도 똑같은 일이 벌어집니다. 디지털 기기 제조사를 예로 들어보겠습니다. 최근 디지털 기기에 들어가는 반도체 확보가 엄청 중요하죠. 그런데 한 부품업체에서 주요 부품을 대량으로 구매하면 30% 할인해 주겠답니다. 구매 담당자가 '사장님이 미쳤어요'를 외치며 영업에서 우리 제품을 얼마나 팔 수 있는지 확인도 하지 않고 부품을 풀로 땡겼습니다. 어떤 일이 벌어질까요? 다행히 판매가 같이 터지면 영웅이 되는 겁니다. 그런데 갑자기 경기가 확 죽었습니다. 2년 정도 소비가 얼어붙어 판매가 안 됐습니다. 2년이 지나면 반도체 성능이 확 개선됩니다. 2년 전에 구매한 부품은 아예 쓸모가 없어지거나 가치가 반 이상 떨어질 겁니다. 게다가 창고에 가득한 재고 관리에도 시간과 돈이 들어갑니다. 각 부서별로 부분 최적화만 생각할 때 벌어지는 일입니다. 이런 상황을 막으려면 각 부서의 이익만 생각할 것이 아니라 회사 전체 관점에서 자원을 계획할 필요가 있습니다. 이를 '전체 최적화'라고 합니다.

ERP의 개념을 한마디로 정의하라면 저는 '전체 최적화'라고 말합니다. 무엇을 전체 최적화해야 하느냐. 회사 전체Enterprise의 자원들Resources이죠. 정리해 보면 ERP의 개념은 이렇습니다.

'회사Enterprise의 자원Resources을 전체 최적화하는 체계 및 도구'

최적화의 대상은 구매, 생산, 품질, 영업, 회계 등 회사의 모든 조직과 운영 프로세스가 포함됩니다. 자원에는 돈, 사람, 설비, 시간 등이 있고 체계와 도구는 프로세스와 정보 시스템 등이 될 것입니다. 영역을 조금 더 확대해서 우리 회사뿐만 아니라 협력업체와 고객, 협력업체의 협력업체, 고객의 고객까지 포함해 전체 최적화를 할 수도 있습니다. 그것을 '공급망 관리SCM, Supply Chain Management'라고 합니다.

세계화가 일상화되고 기술이 발전하면서 우리 회사 내의 자원만을 잘 관리해서는 경쟁에서 이길 수 없게 되었습니다. 게다가 코로나 팬데믹

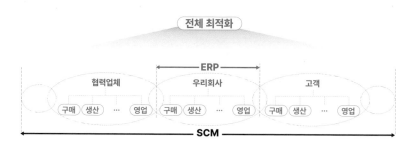

을 지나면서 글로벌 공급망의 변화가 전쟁, 질병, 패권경쟁 등의 다양한
원인으로 더욱 심각해졌죠. 그래서 이제는 우리 회사 내부 자원에 대한
전체 최적화를 넘어 우리 회사가 포함된 공급망 전체에 대한 전체 최적
화가 필수입니다. 그것도 변화에 빠르게 대응하는 전체 최적화가 절실
합니다.

> 이 책은 ERP에 대한 책이므로 공급망 관리에 대한 설명은 여기서 줄이겠습니다.
> 자세한 내용은 제가 쓴 《공급망 관리 성공 전략》을 참고해 주세요.

지금은 ERP를 이야기하고 있으니 우리 회사의 전체 최적화만 보겠습
니다.

먼저 전체 최적화의 대상은 모든 자원이죠. 돈, 사람, 설비 등을 전사
적 관점에서 최적화하려면 일하는 방법과 절차, 그리고 조직 구조를 바
꿔야 합니다. 예로 든 배터리를 딱 필요한 만큼만 구매하려면 필요하다
고 무조건 바로 살 것이 아니라 미리 재고를 알아보고 모자랄 경우만 추
가 구매하도록 일하는 방법을 바꿔야 하겠죠. 그것도 우리 부서만 고려

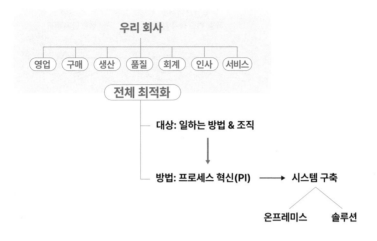

할 것이 아니라 회사 전체를 다 체크해야 할 것입니다. 필요하다면 구매 부서의 조직도 통합 구매를 할 수 있도록 바꿔야 할 겁니다. 그런데 큰 기업은 몇 개의 일하는 방법과 절차를 바꾸는 것으로 해결되지 않죠. 규모에 따라 적게는 수백 개, 많게는 수천 개의 일하는 방법과 절차를 전체 최적화해야 합니다. 회사에서 일하는 방법과 절차를 '프로세스'라고 합니다. 이 프로세스를 필요할 때마다 그때그때 부분적으로 개선한다면 어떻게 될까요? 해당 영역에 대한 부분 최적화는 되겠지만, 회사 전체 차원에서 전체 최적화가 된다는 보장은 없습니다. 그래서 회사 전체 프로세스를 한꺼번에 재설계하는 것이 필요합니다. 이를 '프로세스 혁신' 또는 'PIProcess Innovation'라고 합니다.

PI를 통해 재설계된 프로세스는 정보 시스템으로 만들어져야 합니

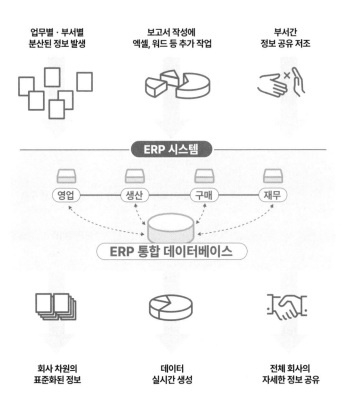

다. 이 단계를 '시스템 구축'이라고 합니다. 과거에는 큰 회사만 운영을 위해 정보 시스템을 가지고 있었고, 전문적으로 운영 시스템을 만드는 회사가 적었습니다. 그래서 회사 자체적으로 개발을 했습니다. 이를 '온 프레미스On-premises' 또는 '자체 개발'이라고 했습니다. 하지만 지금은 IT 기술이 너무 발전했고 그 결과 일반 회사가 감당할 수 없을 정도로 복잡해졌기 때문에 대부분 전문적인 '솔루션'을 적용하고 있습니다. 자체 개발이든 솔루션이든 ERP는 전사 차원의 전체 최적화를 도와야 합

니다. 그러려면 영업, 구매, 생산, 품질, 회계 등이 통합적으로 연계되도록 합니다. 또 운영 과정에서 발생하는 정보들을 서로 공유하여 빠른 의사결정을 돕도록 해야 합니다. 이를 위해서는 통합 데이터베이스를 구축해야 하죠.

ERP 이전까지만 해도 각 영역은 따로 움직이는 경우가 많았고 정보도 잘 공유되지 않았습니다. 각자 필요에 따라 시스템을 따로 구성했기 때문입니다. 이런 상황을 바꾼 것이 ERP였습니다.

2000년대 중반까지만 해도 꽤 많은 ERP 솔루션 회사가 경쟁하고 있었습니다. 당시에도 SAP가 가장 강력했고, 그 뒤를 Oracle이 뒤따르는 형국이었지요. 그래도 그때는 ERP 도입을 검토하면 어떤 솔루션이 우리 회사에 적합한지 검토를 했었습니다. 특정 산업에 강자인 ERP 솔루션도 몇 개 있었습니다. 하지만 지금은 글로벌 수준의 기업 시장에서 SAP가 세계 정복을 한 상태입니다.

ERP 솔루션은 SAP로 답정너입니다.

조금 더
알아보자

기업이 관리하는 정보의 종류

문방구 사장님이 되었다고 상상해 보시죠. 하루 동안 판매한 내역을 엑셀로 정리했습니다. 어떤 제품을, 어떤 고객에게 얼마나 팔았는지를 기록할 것입니다. 이런 것을 '거래정보Transaction data'라고 부릅니다.

상품명	단가	수량	금액	고객명	등급	공급업체	주소	거래은행	...
검정 볼펜	1,000	2	2,000	㈜삽질	VIP	㈜못난이	서울 영등포구	카카오뱅크	...
검정 볼펜	1,000	3	3,000	김사장	진상	㈜못난이	서울 영등포구	카카오뱅크	...
지우개	500	1	500	김사장	진상	㈜모닝콜	경남 김해시	신한은행	...
빨강 볼펜	1,000	2	2,000	㈜삽질	VIP	㈜못난이	서울 영등포구	카카오뱅크	...
필통	5,000	1	5,000	김사장	진상	㈜모닝콜	경남 김해시	신한은행	...

문방구의 거래정보Transaction data를 몇 달을 기록하다 보니 계속 반복적으로 활용되는 정보가 몇 개 보입니다. 제품이 그렇고, 고객과 공급업체가 그렇습니다. 제품을 좀 더 자세히 보죠. 그랬더니 검정 볼펜이 정해지면 1,000원이라는 단가가 자동으로 정해집니다. 공급업체도 그렇습니다. 공급업체가 정해지면 그 업체의 주소와 거래은행도 정해집니다. 특

히 주소는 길어서 입력할 때마다 짜증이 나는 정보입니다. 그리고 입력 오류도 자주 발생해요. 그래서 이런 정보들을 따로 빼서 관리하고 싶습니다. 이런 형태가 되겠죠.

상품명	단가	원산지	…
검정볼펜	1,000	Korea	…

고객명	등급	…
㈜삽질	VIP	…

공급업체	주소	거래은행	…
㈜못난이	서울 영등포구	카카오뱅크	…

상품명	단가	수량	금액	원산지	고객명	등급	공급업체	주소	거래은행	…
검정볼펜	1,000	2	2,000	Korea	㈜삽질	VIP	㈜못난이	서울 영등포구	카카오뱅크	…
검정볼펜	1,000	3	3,000	Korea	김사장	진상	㈜못난이	서울 영등포구	카카오뱅크	…
지우개	500	1	500	China	김사장	진상	㈜모닝콜	경남 김해시	신한은행	…
빨강볼펜	1,000	2	2,000	Korea	㈜삽질	VIP	㈜못난이	서울 영등포구	카카오뱅크	…
필통	5,000	1	5,000	China	김사장	진상	㈜모닝콜	경남 김해시	신한은행	…

상품정보, 고객정보, 공급업체 정보가 분리되어 나왔습니다. 이렇게 어떤 거래정보에서든 동일한 의미와 형태로 사용되어야 하는 데이터를 '기준정보Master data'라고 부릅니다. 이런 과정을 거쳐 기준정보가 정해지면 실제로 거래정보는 다음과 같이 만들어질 것입니다. 거래정보를 만들 때, 기준정보를 참조해 만들게 되는 거지요. 그러다 보니 수작업으로 거래정보를 기록할 때 빈번히 발생했던 입력 오류를 크게 줄일 수 있습니다. 그런데 문제는 기준정보 자체가 부정확할 경우 해당 기준정보가 사용된 모든 거래정보가 잘못 기록된다는 점입니다. 그래서 기준정보를 잘 관리하는 것은 정말 중요합니다.

기준정보(Master data)

상품

상품코드	상품명	단가	원산지	...
PEN001	검정볼펜	1,000	Korea	...

고객

고객코드	고객명	등급	...
CS001	㈜삽질	VIP	...

공급업체

업체코드	공급업체	주소	거래은행	...
VEN001	㈜못난이	서울 영등포구	카카오뱅크	...

거래정보(Transaction data)

구매오더

상품코드	고객코드	업체코드	상품명	단가	수량	금액	원산지	고객명	등급	공급업체	주소	거래은행	거래일
PEN001	CS001	VEN001	검정볼펜	1,000	2	2,000	Korea	㈜삽질	VIP	㈜못난이	서울 영등포구	카카오뱅크	01/05
PEN001	CS002	VEN001	검정볼펜	1,000	3	3,000	Korea	김사장	진상	㈜못난이	서울 영등포구	카카오뱅크	01/05
ERS001	CS002	VEN002	지우개	500	1	500	China	김사장	진상	㈜모닝콜	경남 김해시	신한은행	01/05
PEN003	CS001	VEN001	빨강볼펜	1,000	2	2,000	Korea	㈜삽질	VIP	㈜못난이	서울 영등포구	카카오뱅크	01/05
BOX001	CS002	VEN002	필통	5,000	1	5,000	China	김사장	진상	㈜모닝콜	경남 김해시	신한은행	01/05

　　실제 시스템에서 사용하는 형태라면 코드를 사용합니다. 상품코드, 고객코드, 업체코드가 만들어지죠. 거래정보를 입력할 때는 이제 각 기준정보의 코드 값만 입력하고 판매한 수량만 넣어주면 됩니다. 그러면 각 기준정보에 연결된 나머지 정보가 더해지고, 금액은 상품정보의 단가와 입력한 수량을 곱해서 자동으로 구해지겠죠.

　　이제 기준정보와 거래정보는 구분할 수 있게 되었습니다. 그런데 이 두 가지 정보만 가지고 있다면 판매한 이력 정도만 잘 관리할 수 있을 뿐입니다. 사장님은 조금 더 원하시겠죠. 어떤 상품이 언제 많이 팔리는지 알면 미리 주문을 더 해 놓을 수도 있을 겁니다. 또 어떤 고객이 많이 사가는지 알면 적절한 할인혜택도 드릴 수 있겠지요. 이런 식의 정보를 제공하는 데이터를 '분석정보'라고 합니다.

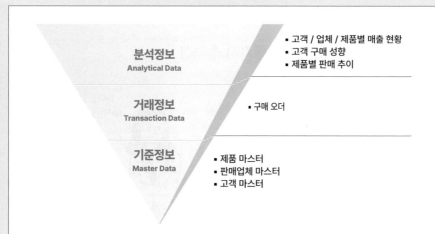

　　정리해 보면, 기업에서 활용하는 데이터는 크게 세 가지가 있습니다. 기준정보와 거래정보, 그리고 분석정보입니다. 기준정보를 참조해 거래정보가 만들어지니 데이터의 양으로 보면 기준정보가 가장 적고, 거래정보가 더 많습니다. 그리고 분석정보는 거의 무한대로 만들어질 수 있습니다. 다양한 관점에서 기준정보와 거래정보를 조합하여 끝없이 만들 수 있으니까요.

　　지금은 세상 모든 것을 데이터로 표현할 수 있습니다. 과거에 이렇게 말하면 이해를 하는 사람이 많지 않았습니다. 그런데 지금은 대부분 이해하시죠. 그만큼 세상은 디지털화되었습니다. 그러다 보니 상상할 수 없을 정도로 많은 데이터가 지금도 쌓이고 있고, 그걸 '빅데이터'라고 부릅니다.

패키지 솔루션

우리 팀장 금쪽이 같아~~~
오〇〇박사 솔루션 하나
받아야겠어!!

하나로 되겠어?
패키지로 받아야지.

　자연스럽게 솔루션으로 넘어왔습니다. 아들이 어렸을 때, 또래에 비해 좀 산만했습니다. 동네 병원에 데려갔더니 뭔지 모를 검사를 하더군요. 그러더니 언어 발달이 느리다며 언어 치료를 권유하더라고요. 2달 정도 언어 치료를 했는데, 더 산만해졌습니다. 그래서 또 갔어요. 그랬더니 이번에는 심리치료가 필요하다고 하더라고요. 그러면서 미술치료를 받으래요. 그렇게 여기저기 다니다가 지칠 무렵에 애가 저절로 나았습니다. 농담같이 들리시겠지만 실화입니다. 그래서인지 오〇〇 박사님이 방송에 나와서 솔루션을 주는 것이 너무 시원해 보였습니다. 단편적인 해결책이 아니라, 뭔가 종합적인 해결책을 주는 것 같았거든요. 물론 연출의 힘도 있겠지요. 어떤 문제가 생기면, 문제를 해결할 방법을 찾습니다. 해결 방법을 솔루션이라고도 하죠. 아이가 산만한 것이 문제라면 언어 치료, 심리치료, 미술치료 등이 솔루션입니다. 문제는 이런 솔루션이 종합적으로 주어지지 않고 단편적으로 시차를 두고 주어질 때입니다. 돈,

시간, 에너지가 낭비됩니다. 그래서 통합 솔루션, 종합 솔루션 같은 말이 광고에 많이 쓰입니다. 나중에 알게 된 사실이지만, 큰 아동병원의 경우는 진단에서 치료까지 한 병원에서 다 되는 곳이 있더군요. 언어치료실, 미술치료실을 같이 운영해서 진단 결과에 따라 필요한 치료를 바로 받을 수 있도록 되어 있더군요.

정보 시스템도 마찬가지죠. 회사가 성장해서 업무 효율을 높일 시스템을 도입하려고 솔루션 회사를 불렀습니다. 그랬더니 A회사는 저희는 구매만 해서 그 부분은 모릅니다. 그래서 다른 회사를 불렀더니 구매는 알겠는데 저건 생산 영역이에요. 이렇게 나오면 고구마 한 박스 먹은 느낌이죠. 지금도 이런 상황은 자주 벌어지고 있습니다. ERP가 나오기 전에는 더 심했죠. 앞서 잠시 얘기했지만 70년대에 컴퓨터를 업무에 적용하기 시작하면서 회계부터 시작했다고 했죠. MRP가 나오면서 생산과 구매로 확대되고, 품질, 서비스 등 회사 운영을 위한 다른 영역으로도 확대되었다고 했습니다. 그런데 그 과정이 계획적으로 이뤄지지는 않았습니다. 그때그때 필요로 하는 것을 보완했겠죠. 그러다 보니 어떤 솔루션 회사는 회계 영역만 있고, 어떤 회사는 생산과 구매에 특화되어 있고 그랬을 겁니다. 고객들은 짜증이 났을 겁니다. 그래서 영업, 구매, 생산, 회계 등이 통합되어 있는 솔루션을 찾았을 겁니다. 회사의 모든 업무에 대한 솔루션을 묶어서 제공하니까 그걸 '패키지 솔루션'이라고 합니다. 그걸 가장 잘 해낸 회사가 SAP였고 구현한 제품이 SAP R/3였습니다. SAP R/3는 SAP ERP를 거쳐 지금은 SAP S/4HANA가 되었습니다.

그렇다면 SAP S/4HANA라는 ERP 패키지는 무엇의 묶음일까요? 두 가지 관점에서 볼 수 있습니다. 첫 번째는 운영 프로세스의 묶음으로 보는 것이고, 두 번째는 프로그램의 묶음으로 보는 것입니다.

기업마다 운영 프로세스를 정의하는 방식은 다릅니다. 일반적으로 8개에서 10개 정도로 크게 분류합니다. 이 책에서는 영업에서 서비스까지 7개로 표시했습니다. 여기에 각각 대응하는 SAP S/4HANA의 영역이 있습니다. 이를 '모듈Module'이라고 부릅니다. 판매(영업)에 해당하는 모듈은 SD입니다. Sales and Distribution의 약자입니다. 구매는 MM입니다. 최초 태생이 자재를 관리하는 것이어서 Material Management의 약자입니다. 생산은 PP이고, Production Planning의 약자입니다. 품질은 QM입니다. 이제 유추가 되시죠. Quality Management의 약자입니다. 회계는 여러 개의 모듈로 구성됩니다. 제일 중요한 모듈은 FICO(피코)라 불리는 재무회계와 관리회계입니다. 재무회계는 FI이고, Financial accounting의 약자입니다. 특이하게 Financial의 앞의 두 글자를 따서 'FI'라고 부릅니다. 관리회계도 Controlling의 첫 두 글자를 따서 'CO'

라고 부릅니다. 회사의 규모나 필요에 따라서 자금관리가 필요할 때도 있습니다. 자금관리도 Treasury의 두 글자를 따서 'TR' 모듈이라고 합니다. 인사는 HCM이고, Human Capital Management의 약자입니다. 과거에는 'HRHuman Resources'이라고 불렀는데 인력이 인적 자본으로 의미가 확대되면서 HCM으로 불리기도 합니다. 서비스는 'CS'이고, Customer Service의 약자입니다. 지금은 암호 같아 보이겠지만 모듈명은 앞으로 계속 사용될 테니 눈여겨 봐두시기 바랍니다. 그렇다고 억지로 외울 필요는 없습니다. SAP 바닥에 있다 보면 저절로 외워지실 겁니다. 너무 나열만 해 놓으니 엄청 헷갈리시죠. 조금 그룹핑하고 정리를 해보겠습니다.

크게 구분하면 어플리케이션Application과 인프라Infra로 구분할 수 있습니다. 먼저 인프라부터 알아보겠습니다. 인프라는 BCBasis 모듈이 담당합니다. SAP 시스템을 설치하는 것부터 운영, 모니터링하는 역할을 합니다. 조금 전문적으로 얘기하면 SAP를 개발하고 운영할 수 있는 플랫폼을 제공하는 일을 합니다. 앞서 클라우드 서비스를 설명하면서 공연 준비하는 비유를 얘기했었습니다. 소극장만 빌리는 것이 '이아스IaaS'였죠. 이때 'I'가 인프라입니다. Infrastructure를 뜻하죠. 극장 주인이 무대까지 만들어 주는 것을 '파스PaaS'라고 했습니다. 'P'가 플랫폼입니다.

영역		모듈	이름	설명	Core
어플리케이션	물류	영업 SD	Sales and Distribution	영업 및 판매 영역을 지원하는 모듈	○
		서비스 CS	Customer Service	고객 서비스(AS) 영역을 지원하는 모듈	
		구매 MM	Material Management	내자/외자 구매 및 재고 관리를 지원하는 모듈	○
		창고 EWM	Extended Warehouse Management	창고의 재고 및 입/출고 관리 등을 지원하는 모듈	
		생산 PP	Production Planning	생산 관리를 지원하는 모듈	○
		품질 QM	Quality Management	품질 관리를 지원하는 모듈	
		설비 PM	Plant Maintenance	설비 관리 업무를 지원하는 모듈	
	회계	재무 FI	Financial accounting	재무회계(전표 처리, 예산 관리 등)를 지원하는 모듈	○
		관리 CO	Controlling	관리회계 영역을 지원하는 모듈	○
		자금 TR	Treasury	자금 관리(금융 자산 및 상품 등)를 지원하는 모듈	
		프로젝트 PS	Project System	프로젝트 관리를 지원하는 모듈	
	기타	인사 HCM	Human Capital Management	인적자원의 채용, 인사관리, 교육 등을 지원하는 모듈	
		산업특화 IS	Industry Solutions	다양한 산업분야에 특화된 솔루션	
		추가개발 CBO	Customer Bolt-On	ABAP(SAP 전용 개발 툴)으로 추가 개발한 영역	
인프라		BC	Basis	시스템의 설치, 운영, 모니터링 등을 지원하는 모듈	

▲ SAP 주요 모듈Module

이 그림에 빗대어 보면 SAP의 BC 모듈은 PaaS 영역까지 커버합니다. BC가 플랫폼이라는 판을 깔아주면 그 위에서 어플리케이션 영역이 일을 하는 겁니다.

어플리케이션은 다시 3개로 나눌 수 있습니다. 영업SD, 구매MM, 생산PP 등이 포함된 물동Logistics 영역과 재무FI, 관리CO 등이 포함된 회계Accounting 영역이 주가 됩니다. (요즘은 물동Logistics 영역을 SCM, 회계 Accounting 영역을 FCM이라고 부르기도 합니다.) 그리고 물동과 회계 영역에서 영업SD, 구매MM, 생산PP, 재무FI, 관리CO의 5개 모듈을 'ERP Core 모듈'이라고 합니다. 거의 모든 회사에서 필수적으로 적용하는 모듈이기 때문입니다. 물동과 회계 영역을 제외한 나머지를 기타 영역이라고 했습니다. 기타 영역에는 인사관리를 위한 HCM 모듈과 특정 산업 영역에만 적용되는 산업특화 솔루션을 모아 둔 ISIndustry Solution 영역이 있습니다. 마지막으로 CBOCustomer Bolt-On가 있는데 이 부분은 SAP가 제공하는 것이 아니라 사용자가 필요에 의해 추가 개발해 붙인 영역입니다. IS와 CBO는 모듈이 아닙니다. 이 부분은 뒤에서 다시 보겠습니다.

여기서 소개한 모듈은 SAP ERP 제품의 전통적인 주요 모듈입니다. 제품마다 계속 바뀌기 때문에 정확하게 특정할 수 없습니다. 자동차도 매년 새로운 모델이 나오면 옵션이 계속 바뀌잖아요. SAP도 하나의 회사이고 SAP와 관련된 내용을 우리가 필요에 의해 공부하고는 있지만, 법칙 같은 것이 아닙니다. 그저 특정 회사의 제품일 뿐이죠. 그러니 계속 바뀌는 게 당연합니다.

어플리케이션 영역의 구조

가능하다면 <Part 1>에서는 SAP 화면을 보여주지 않으려고 노력 중입니다. 개념적으로 먼저 이해하게 만들고 실제 사용법을 다루는 뒤에서 실제 화면을 보여드릴 계획입니다. 거창하게 말씀드리고 있지만 지금 말씀드리는 것들은 결국 메뉴에 표시되게 됩니다. SAP S/4HANA라는 솔루션을 깔면 SAP가 기본으로 제공하는 메뉴가 나옵니다. 거기에 추가로 우리 회사가 속한 산업에 대한 특화 영역을 추가할 수도 있습니다. 여기까지가 마치 우리가 노트북을 처음 사서 켰을 때와 같습니다. 제조사에서 제공하는 기본 프로그램만 깔린 상태이지요. 여기서 사용자가 어떤 단체에 속했는지에 따라 달라지는 부분이 있습니다. 회사원이라면 '엑셀이나 파워포인트, MS워드'를 설치할 것입니다. 반면 정부나 공공기

관에 근무하시는 분이라면 '아래한글'을 반드시 설치하시겠죠. SAP로
보면 산업특화 영역IS, Industry Solutions에 해당합니다. 마지막 고객추가 영
역CBO, Customer Bolt-On은 사용자의 필요에 의해 더해지는 영역입니다.
노트북으로 돌아가면 게임을 좋아하는 사용자는 자신이 좋아하는 게
임 콘텐츠를 설치할 것이고, 음악이나 영화를 좋아하는 사용자는 해당
콘텐츠나 구동 프로그램을 설치하는 식이죠. SAP도 크게 다르지 않습
니다. SAP S/4HANA와 IS에서 제공하지 않지만 사용자가 필요한 기능
은 추가로 개발할 수 있습니다. 그 개발의 형태가 좀 다양하고 복잡할 뿐
입니다.

고객추가 영역CBO, Customer Bolt-On에는 크게 다섯 가지 유형이 있습
니다. 가장 많은 것은 온라인On-line과 리포트 프로그램입니다. 온라인
프로그램은 데이터를 생성부터 변경, 삭제까지 가능한 프로그램 유형입

니다. 리포트는 데이터를 생성하지는 않습니다. 여러 곳에서 필요한 정보들을 가져와 조합해서 보여 주는 것이 리포트 프로그램입니다. 인터페이스는 다른 시스템과 데이터를 주고받을 필요가 있을 때 필요한 유형입니다. BDC는 단순 작업을 수백 번, 수천 번 반복해야 할 경우에 그 과정을 녹화해서 반복 수행하는 유형의 프로그램입니다. RPA와 유사하고, BAPI라는 기능을 통해서도 동일한 결과를 얻을 수 있습니다. 마지막 유형은 이관마이그레이션, Migration 프로그램입니다. 이 유형은 이전에 사용하던 시스템의 데이터를 새 시스템으로 옮기기 위해 한시적으로 사용하는 프로그램 유형입니다. 새 스마트폰을 교체할 때 이전 스마트폰에 있던 사진이나 메모, 문서 등을 옮기시잖아요. 그때 사용하는 프로그램과 비슷하다고 보시면 됩니다. 다섯 가지 유형을 조금 재미있게 표현해 보면 이렇게 되겠네요.

"거래를 해야 잊하는 거지요"	온라인(On-line)	정보의 생성 / 변경 / 삭제 수행
"우린 그냥 보기만 할게요"	리포트(Report)	정보 변경 없는 단순 조회
"이게 사람이 할 짓인가요?"	BDC	동일 방식으로 반복 작업 처리
"혼자 잘 되는 시스템 없잖아요"	인터페이스(Interface)	이종 시스템간 정보 연결 및 처리
"쓰던 건 가져가야지요"	이관(Migration)	이전 시스템 정보 변환 및 이관

SAP를 사용하다 보면 불편하거나 가끔은 불합리해 보이는 화면을 자주 만나게 됩니다. 그러면 이거 조금만 바꾸면 좋겠는데 싶으실 겁니다. 그런데 운영팀에 요청하면 '표준이라서 안 된다'는 답변을 많이 들으실 겁니다. 이때 표준은 핵심모듈Standard과 산업특화IS를 포함합니다. SAP가 솔루션으로 제공한 영역이기 때문에 소스코드를 고칠 수 없는 영역이라는 뜻입니다. 수정이 가능한 부분은 회사별로 추가 개발한 고객추가 영역CBO, Customer Bolt-On입니다. 구분법은 간단합니다. 프로그램 ID와 트랜잭션 코드T-Code가 'Y'나 'Z'로 시작하는 것은 CBO 프로그램입니다.

데이터 플랫폼

CBO 유형 중 인터페이스가 있었습니다. 프로젝트를 하면 추가되는 프로그램 유형 중에 온라인On-line과 리포트Report만큼 많은 부분을 차지하는 유형이 인터페이스입니다. 글로벌 기업이나 대기업의 경우 ERP만으로 운영 경쟁력을 가지기 어렵습니다. 특히 디지털 전환이 가속화되고 있는 지금은 시스템 경쟁력이 회사의 경쟁력에 직결되니까요. 그렇다 보니 더 전문화되고 디테일한 솔루션을 같이 사용해야 합니다. 대표적인 것이 SCM, PLM, CRM, MES, SRM 같은 시스템들입니다. 이런 시스템들을 ERP 관점에서 다 모아서 'Non-ERP'라고 부릅니다. ERP 이외

조금 더
알아보자

프로그램 ID와 트랜잭션 코드(T-Code)

　　SAP 솔루션은 궁극적으로 프로그램들의 묶음입니다. 그래서 각각의 프로그램을 구분하고 호출할 방법이 필요하죠. SAP는 두 가지를 주로 사용합니다. 프로그램 ID와 트랜잭션 코드T-Code입니다. 프로그램 ID는 비교적 익숙합니다. 아시는 대로 프로그램의 이름이라 생각하시면 됩니다. 그럼 트랜잭션 코드T-Code는 뭘까요? 프로그램의 별명 정도로 이해하시면 됩니다. T-Code를 이용하면 복잡한 프로그램 ID를 기억해야 하거나 메뉴 트리를 다 찾아가서 원하는 프로그램을 실행하는 불편함을 덜 수 있습니다. 비교적 간단한 T-Code를 암기해서 뒤에서 배울 명령어 필드Command Field에 입력해 원하는 프로그램을 바로 실행할 수 있습니다.

의 시스템들이라는 의미죠. 때로는 Non-ERP 영역을 '레거시Legacy'라
고도 부릅니다. 유산이란 의미인데, ERP 프로젝트를 새로 하면 ERP는
새 시스템으로 바뀌니 다른 시스템은 이전 시스템이라 구분해서 '레거
시Legacy 시스템'이라고 부르기도 합니다.

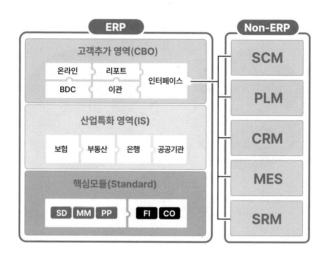

　　ERP를 중심으로 설명하고 있어 간단하게 표시했지만 각각의 시스템
하나하나가 ERP와 거의 맞먹을 정도의 규모와 중요도를 가지고 있죠.
이런 시스템들이 상호 작용할 경우 복잡도가 상상 이상입니다. 이렇다
보니 하나의 시스템이 중심을 잡아줄 필요가 생겼습니다. 그런 역할을
'데이터 플랫폼'이라 부르고, 보통 ERP가 그 역할을 합니다. 신체에 비
유하자면 ERP가 몸통 역할을 하고 나머지 시스템이 머리, 팔, 다리 역할
을 하는 것이지요.

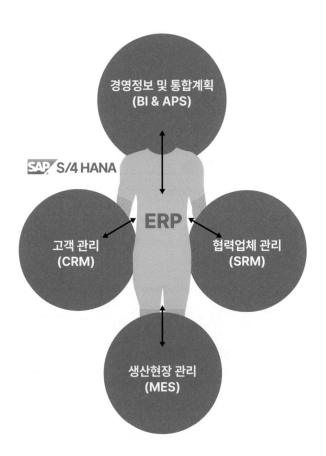

조금 더 자세히 그려보면 이런 형태가 되겠네요.

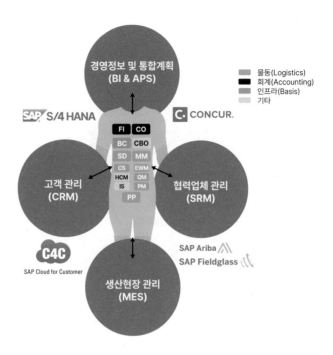

경영정보와 통합된 계획을 수립하는 BI와 APS가 머리 역할을 할 섯

이고, 경영정보의 경우 FI와 CO 모듈의 정보를 많이 활용할 테니 두 모

듈과 연계가 많을 겁니다. CRM은 고객 관리를 담당하니 영업에 해당

하는 SD와 고객 서비스와 관련된 CS 모듈과 연계가 많겠지요. SRM은

협력업체와의 거래에 관련되어 있으니 MM과 창고관리인 EVM, 입고

검사를 하는 QM 등과 많이 연관될 것입니다. MES는 생산실행을 디테

일하게 관리하므로 SAP의 PP 모듈과 깊은 연관관계를 가집니다. 그렇

게 보면 BI와 APS가 머리, CRM과 SRM이 양팔, MES가 다리의 역할

을 하는 형국이네요. 머리와 양팔에 해당하는 전문 솔루션을 SAP도 제

품으로 가지고 있습니다. 대표적인 예가 CRM 솔루션인 C4CCloud for

Customer, SRM 영역의 SAP Ariba, 그리고 FI와 긴밀하게 연결된 경비처리 전문 솔루션인 컨커concur 입니다.

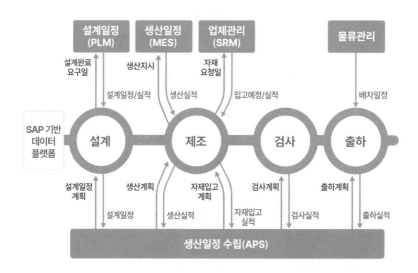

실제 데이터로 간단하게 표현해 보면 이런 형태가 될 것 같습니다. 물론 이 외에도 PLM을 포함한 여러 시스템이 더 있습니다. SAP를 중심으로 얘기했지만, 지금까지 언급된 모든 시스템들은 패키지 솔루션을 만들어 제공하는 회사들이 있습니다. 과거에는 많은 회사들이 시스템 도입을 고려할 때 고민을 했습니다. 우리 회사의 프로세스로 완전히 새로 설계해서 우리만의 시스템을 만들지 시장에 나와 있는 솔루션을 사서 적용할지를요. 지금은 거의 솔루션을 선택하죠. 어떤 장단점이 있었길래 그땐 그랬고 지금은 이렇게 된 걸까요?

조금 더
알아보자

패키지 여행을 가는 이유

'뭉쳐야 뜬다'라는 제목의 예능이 인기를 끈 적이 있습니다. 유명인이 패키지 상품으로 해외여행을 가는 컨셉이었습니다.

출처 : JTBC《패키지로 세계일주 – 뭉쳐야 뜬다》

패키지 여행의 반대편에 자유 여행이 있습니다. 자유 여행과 패키지 여행의 차이는 자체 구축(온프레미스)과 패키지 솔루션의 차이와 비슷합니다. SAP 본사가 있는 독일 여행을 자유 여행으로 계획한다고 생각해 봅시다. 무엇부터 해야 할까요? 일단 독일가는 항공편을 알아보고, 독일에 도착해서 독일 본사가 있는 발도르프Walldorf까지 이동 방법을 찾아야 하겠죠. 당일치기가 안될 테니 호텔도 예약해야 합니다. 밥도 먹어야죠. 식당도 알아봐야 합니다. 이렇게 알아봐야 할 게 많습니다. 마치 ERP를 자체적으로 구축하기로 결정하면 영업은 영업대로, 구매는 구매대로 어떤 영역을 어떻게 시스템으로 만들지 다 따로 고민하는 것과 비슷하죠. 비용도 더 들어갈 수 있습니다. 아무래도 전체 여행 일정을 많은 경험에 기반해 짜고, 그 계획에 따라 대량으로 항공권과 호텔을 예약하는 대형 여행사가 훨씬 더 저렴할 수 있습니다. 패키지 솔루션도 비슷합니다. 영업부터 회계까지 전체 프로세스 관점에서 효율적으로 표준화된 베스트프랙티스BP, Best Practice를 한꺼번에 가져다 쓸 수 있습니다. 각 영역을 어떻게 구성할지 개별적으로 고민할 필요가 없는 거죠.

　그렇다고 패키지 솔루션이 장점만 있는 건 아닙니다. 패키지 여행에서 제일 짜증나는게 있습니다. 가고 싶지도 않은 쇼핑센터를 가야 한다는 겁니다. 또 너무 피곤해서 조금 천천히 나가고 싶은 날도 전체 일정에 맞춰야 합니다. 패키지 솔루션을 적용하면 굳이 우리 회사에 필요없는 영역도 포함되어 있습니다. 예를 들어 우리 회사는 유통 전문입니다. 그래서 제품을 생산하는 공장이 없습니다. 그래도 SAP 패키지 솔루션에는 생산PP이 포함되어 있습니다.

　최신 기술을 포함하는 문제도 있습니다. 요즘은 인터넷과 SNS가 워낙 발달해서 개인도 어느 정도는 가능해지긴 했지만, 새롭게 떠오른 여행지가 있습니다. 그동안 사람들이 많이 가지 않은 남미의 한 국가에 가기로 했습니다. 개인이 가성비 높은 항공편과 호텔 등을 알아내는 것보다 대형 여행사의 정보력이 훨씬 나을 겁니다. ERP 영역은 이보다 훨씬 그 차이가 큽니다.

특히 요즘처럼 세상이 빠르게 변할 때는 더 그렇죠. 갑자기 클라우드가 뜹니다. 그러더니 인공지능을 반영해야 한답니다. 블록체인도 필요하다고 하고요. 이럴 경우 일반적인 회사가 자체적으로 이런 기술들을 적시에 제대로 ERP에 적용할 수 있을까요? 불가능합니다. 바로 이 부분 때문에 ERP의 경우, 더 이상 자체 개발을 할지, 패키지 솔루션을 도입할지 검토하는 것은 무의미한 일이 되었습니다.

지금은 ERP 패키지 솔루션 도입이 거의 공식이죠. 게다가 솔루션마저 SAP로 거의 정해져 있습니다. SAP가 이 영역에서는 세계정복자입니다.

04 비싸고 어려운 SAP를 선택하는 이유

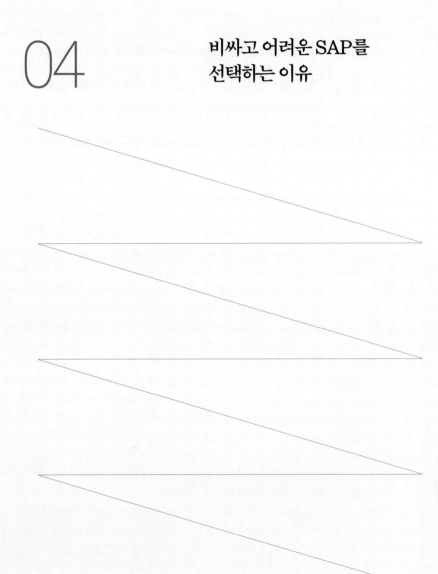

클라우드 서비스가 확대되고 대중화되면서 SAP는 과거에 비해 만만해졌습니다. 그렇다고 비싸지 않은 건 아닙니다. 그렇다 보니 경영자들은 SAP 도입에 아직은 신중하십니다. 저는 컨설턴트로 컨설팅도 하지만 프로젝트 리더인 PMProject Manager 역할도 하고 있습니다. 그러다 보니 회장님이나 사장님, 임원들에게 질문으로 고문당할 때가 많습니다. 수많은 질문 중에 가장 대답하기 어렵고 괴로운 질문이 있습니다. '비싸고 어렵다면서 왜 SAP를 하라고 하냐'입니다. 그때그때 답은 했습니다. 그런데 높은 점수를 받을 수 있는 답은 아니었죠. 스스로 내가 무슨 말을 하고 있는지 모르는 말을 주저리주저리 늘어놓고 그분들의 표정을 보면 하나같이 '이 놈도 똑같은 놈이군'이라고 말하고 있었습니다.

"전 세계 ERP 시장에서 마켓쉐어가 가장 높고, 세계 최고의 BP를 패키지에 포함하고 있고, 클라우드 서비스도 가장 안정적이며…"

이런 식이었죠. 수능으로 따지면 매년 나오는 기출 문제인데 고득점의 답을 준비하지 못한 겁니다. 고통의 시간을 한참 겪다가 세 가지 키워드로 나름의 답안지를 만들었습니다.

신뢰의 트러스트

처음에는 우리가 일을 잘하는 줄 알았습니다. 큰 규모의 프로젝트를 하면 ERP 영역만을 대상으로 하지 않습니다. 인터페이스 대상으로 언급되었던 PLM, APS, MES, SRM, CRM 등의 시스템도 같이 합니다. 그래서 규모가 큰 경우 최대로 투입 인력이 200명을 넘기도 하죠. 이럴 경우 보통 ERP가 중심이 되긴 하지만 각 시스템마다 팀이 구성됩니다. 프로젝트가 진행되면서 각 시스템은 진행 속도에서 차이가 나기도 하고, 품질에서 격차가 생기기도 합니다. 프로젝트 기간 중에 진척도와 품질 문제를 다 해결하면 다행이지만 오픈 시점까지 해결이 안 되는 경우도 있습니다. 이럴 때마다 ERP, 특히 SAP는 큰 문제가 없었습니다. 경험이 없을 때는 이유를 깊게 생각해 보지도 않았습니다. 당연히 우리 구성원들의 실력이 뛰어나기 때문이라고 생각했습니다. 그런데 연차가 쌓이고 프로젝트 전체를 책임지는 PM 역할도 해보면서 생각이 조금 바뀌었습니다. ERP가 SAP 솔루션이었기 때문에 누린 인센티브가 크다는 것이 보이더라고요.

예를 들어서 MES는 설계부터 개발까지 전부 처음부터 하는 시쳇말로 날개발이고, APS는 국내 중소기업이 만든 솔루션입니다. ERP는 SAP S/4HANA 솔루션이고요. 이 상태에서 3개의 시스템에 동시에 문제가 발생했습니다. 어디가 문제를 빨리 풀 수 있을까요? 쉬운 문제가 터졌다면 날개발한 MES가 가장 빠릅니다. 우리가 모든 해답을 가지고 있으니까요. 그래서 이 경우는 SAP가 제일 느립니다. 시스템의 복잡도가 높기 때문에 원인을 찾는데 시간이 좀 걸리죠. 그런데 아주 복잡하고 근본적인 문제가 벌어지면 상황은 달라집니다. SAP는 어디까지 뒤집어 봐야 하는지에 대한 최대한의 선이 있습니다. 표준Standard 프로그램 앞까지입니다. 우리가 추가로 개발한 CBO 영역만 분석하고 들춰보면 된다는 거죠. 왜냐하면 표준Standard은 데이터가 정확하다고 인정하기 때문입니다. 그런데 날개발한 MES는 어디까지 뒤집어 볼지 한계가 없습니다.

그럼 국내 중소기업이 만든 APS는 어떨까요? 그건 솔루션의 수준에 따라 달라집니다. 똑같이 솔루션이라 부르지만 솔루션의 수준은 천차만별입니다. SAP S/4HANA처럼 고도화된 솔루션도 있고, 단순히 개발한 프로그램을 한꺼번에 묶어서 솔루션이라 부르는 회사도 있으니까요.

'SAP 표준의 데이터는 맞다'라는 믿음이 전 세계적으로 인정되기 때문에 SAP가 데이터 플랫폼 역할을 할 수 있는 겁니다. SAP가 만들어 내는 데이터의 신뢰도도 높지만, SAP를 신뢰할 수 있는 다른 이유가 하나 더 있습니다. 사용자가 데이터를 마음대로 변경할 수 없다는 점입니다. 그래서 SAP를 사용하는 회사는 회계감사에서 그냥 인정해 주는 부분들이 있습니다. 그래서 회사의 규모가 커지고 돈의 흐름을 감으로만 제어하기 힘들어질 때 SAP 도입을 고려하는 회사가 많습니다. SAP는 데이터를 강제로 수정하거나 삭제하는 것이 거의 불가능하고, 취소를 해도 모든 이력을 시스템에 다 남기기 때문입니다.

데이터에 대한 신뢰성도 중요하지만 지금처럼 디지털 전환이 본격화되고 모든 것이 디지털로 가는 시대에 솔루션을 만드는 회사의 지속 가능성도 매우 중요합니다. 특히 ERP는 기업의 등뼈에 해당하는 기간 시스템이기 때문에 ERP를 바꾸면 다른 모든 시스템에 영향을 주게 됩니다. 이렇게 중요한 시스템이 솔루션을 만든 회사의 문제로 서비스가 중단되거나 업그레이드가 불가능해지면 큰일이겠지요. 최근에 이런 이유로 다른 솔루션을 쓰다가 SAP로 전환하는 프로젝트가 종종 있습니다. 회사와 솔루션의 신뢰도도 SAP가 현존 최고 수준입니다.

세상은 지금도 변화한다

세상이 너무나 빨리 변하는 시대를 살고 있습니다. 변화를 만드는 두 축은 세계화와 기술의 발전입니다. 먼저 세계화는 세상을 좁게 만들었습니다. 어렸을 때 뉴스는 9시 뉴스였고, 뉴스의 시작은 '서울의 봄' 주인공 이야기로 채워졌습니다. 그 다음에 국내 경제나 사회 뉴스가 나왔고 뉴스의 마지막 말미에 5분 정도 해외토픽 형식으로 국제 뉴스가 나왔죠. 지금은 어떤가요? 저녁이 있는 삶이 강조되면서 8시로 시간대가 당겨졌습니다. 그리고 해외토픽이 사라졌죠. 그럼 해외뉴스가 없는 건가요? 아닙니다. 국내, 해외 뉴스의 구분이 사라진 겁니다. 하마스가 이스라엘을 공격했다는 뉴스가 더 이상 해외토픽에서 다뤄지지 않고 뉴스의 시작에 나오는 시대를 우리는 살고 있습니다. 그만큼 기업들도 글로벌 관점에서 공급망의 변화를 반영해야 합니다. 글로벌화로 원료 공급처와 고객이 전 세계에 걸쳐 있기 때문입니다. 하마스가 이스라엘을 공격한 순간, 기업은 우리 물건이 홍해를 지나고 있는지 체크해야 하고, 우리가 수출하는 제품이나 수입하는 부품 중 해당 지역에 금수조치가 내려진 것이 있는지 체크해야 합니다. 체크로 끝나는 것이 아니라 부품이면 바로 발주를 막아야 하고, 제품이면 출하를 중지시켜야 하죠. 그러려면 이런 사항을 ERP를 포함한 시스템에 반영해야 합니다. 이것뿐만이 아니죠. 브라질은 세법이 복잡하기로 유명합니다. 자주 바뀌기도 하죠. 브라질에 공장을 가지고 있거나 제품을 수출하면 그 변화를 다 시스템에 반영해야 합니다. 만약 자체적으로 구축한 시스템에 이런 변화를 소스코드로 반영해야 한다면 얼마나 많은 자원이 필요할까요? 가능은 할까요? 이런 이유로 전문 솔루션이 주류가 되기 시작했습니다.

사실 더 큰 문제는 따로 있습니다. 정말 따라가기 힘든 것은 기술의 변화죠. 인터넷이 처음 나오고 웹브라우저라는 것이 나왔습니다. 넷스케이프Netscape가 한동안 점유율 90% 이상 차지했습니다. 조금 후에 마이크로소프트의 인터넷 익스플로러Internet Explorer가 나왔고, 시장을 장악했습니다. 이때 웹 환경으로 프로그램을 개발하면 항상 이 두 가지 웹브라우저를 고려해야 했습니다. 당연하게 업무의 일부분으로 생각했죠. 그런데 2000년대를 넘어가면서 곤란한 일이 벌어집니다. 잠시 인터넷 익스플로러Internet Explorer가 장악했던 시장이 혼란스러워집니다. 크롬Chrome, 사파리Safari, 파이어폭스Firefox 같은 웹브라우저가 우후죽순으로 나왔거든요. 이제 프로그램 하나를 바꾸면 4개 이상의 브라우저에 맞게 소스코드를 수정해야 되는 겁니다. 이후에 다른 방법이 나오긴 했지만 당시에는 엄청난 스트레스였습니다. 하지만 성실하게 하면 가능은 했습니다. 그런데 지금은 가능하지도 않습니다. 지금은 웹브라우저 하나의 문제가 아니라 모바일, 인공지능, 빅데이터, 블록체인, VR 같은 엄청난 기술들을 다 적용할 수 있도록 해야 되거든요. 그래서 SAP 같은 글로벌 솔루션을 쓰는 겁니다. 가장 안정적이고 신기술을 빠르게 반영할 수 있는 솔루션이니까요. 결국은 SAP가 전체 시스템의 기술 플랫폼 역할을 하는 거죠.

SAP의 기술 플랫폼으로서의 입지는 점점 강화되고 있습니다. SAP 자체가 신기술을 최대한 반영하는 노력도 있지만, 더 중요한 것은 ERP 시장에서 SAP의 입지가 워낙 넘사벽이다 보니 기업 솔루션을 만드는 회사들이 SAP와의 호환을 최우선으로 고려하고 있기 때문입니다. 그래서 웬만한 솔루션은 SAP와의 인터페이스에 전혀 문제가 없도록 만들어져 있고 관련된 개발 인력을 구하는 것도 비교적 쉽습니다.

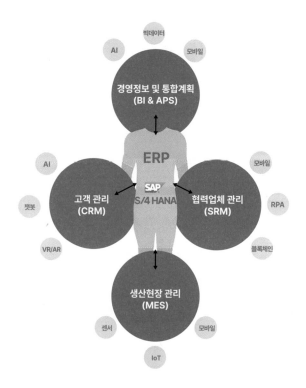

여기에 SAP 제품 자체를 클라우드 형태로 출시하면서 변화에 반응하는 속도는 더 빨라졌습니다.

회장님이 아이폰을 쓰는 이유

그 회장님은 70대이신데 최신 아이폰을 사용하셨습니다. 신선했죠. 하지만 신선하지 않은 그 질문을 하셨습니다.

"우리 그룹이 SAP를 해야 될 이유가 있나?"

등골이 오싹했지만, 그날은 말이 술술 나오더라고요.

"회장님, 스마트폰 뭐 쓰시나요?"

"아이폰 사용하네."

"얼마나 자주 바꾸시나요?"

"신제품 나올 때마다 알아서 바꿔 주더구만, 허허허. 한팀장, 나 이런 거 필요 없다니까."

속으로 생각했습니다. 저 말씀을 곧이곧대로 듣는 순간 '한팀장은 내년에 없겠구나.' 하지만 제 입은 이렇게 말하고 있었죠.

"네, 그러시죠. 역시 검소하십니다. 그런데 회장님, 한팀장이 회장님 스마트폰을 5년에 한번 그것도 중국산 저가폰으로 바꿔주면 어떨까요?"

회장님은 한동안 말이 없으셨습니다. 같이 간 제 상사는 싼 미소를 흘리고 있었죠. 이대로 멈추면 저는 복귀해서 죽는 겁니다.

저를 포함한 40대 이상의 사람들은 사실 스마트폰의 새로운 기능을 많이 사용하지 않습니다. 그런데 왜 신제품이 나올 때마다 프리미엄 모델을 새로 사느냐? 냉정하게 생각하면 중국산 저가폰도 우리가 주로 사용하는 기능은 다 되는데도 말이죠. 여기까지 순식간에 생각이 정리되었고, 저도 모르게 이 말이 툭 튀어나왔습니다.

"SAP를 사용하는 건 간지 때문입니다."

"뭐? 간지?"

그 뒤로 대충 이런 맥락의 설명을 드렸습니다.

"회장님처럼 누구나 아실 만한 분이라면 스마트폰으로 간지를 낼 필요가 없습니다. 회장님 자체가 간지시니까요. 하지만 저처럼 이름없는 사람이 중국산 저가폰을 가지고 있다면 사람들은 그 스마트폰으로 저를 판단할 겁니다. 기업이 사용하는 시스템도 마찬가지입니다. SAP를 사용한다는 것만으로 회사의 클래스가 정해집니다. SAP는 돈이 있다고 쓸 수 있는 시스템이 아니기 때문입니다. 어느 수준 이상의 일하는 방법이 정비되어 있어야 하고, 그에 걸맞는 직원들의 수준이 되어야 하기 때문입니다. 그래서 제가 간지라 표현한 겁니다."

그 사건 이후로 저는 '간지'를 SAP를 도입하는 공식적인 이유로 밀고 있습니다. 그리고 앞서 소개한 신뢰와 변화를 덧붙여서 "신뢰, 변화, 간지"라는 3개의 키워드로 SAP를 도입하는 이유를 설명하고 있습니다.

05　　　　　　　　**삽질을 연마하는 법**

SAP에 대한 기본지식은 이 정도로 하겠습니다. 머리 아파서 두통약을 2개나 먹고 여기까지 읽었는데 기본지식이라 하니 마상 입으셨다면 죄송합니다. 그래도 이게 기본이라는 사실은 변하지 않습니다. 이제 이 책을 쓰게 된 처음 목적이었던 삽질 기술을 배우는 방법에 대해 알아보죠.

새로운 지식이나 일을 배우려면 어떻게 하나요? 수학, 역사, 문학 같은 학문을 배우려면 학교에 가야 합니다. 직업과 관련된 것이라면요. 오래되고 널리 행해지는 일이라면 이것도 학교나 학원으로 가면 됩니다. 그런데 삽질은 지금까지 그렇지 못했습니다. 지금은 잘 사용되지 않지만 과거에는 사수, 부사수라는 용어가 중요한 회사어였습니다. 지금은 학교에 다닐 때부터 스펙을 쌓고 일할 준비를 많이 해오시더군요. 제가 입사할 때만 해도 그런 준비는 전혀 없습니다. 회사 일은 입사 후에 사수라

삽질을 제대로 배우려면
어디로 가야 합니까?

곳곳에 숨어 있는 고수들을 찾아
배움을 청하세요.

는 분에게 다 배웠죠. 그러던 것이 시대의 변화가 빨라지면서 무조건 오래 일했다고 더 잘 안다는 공식이 깨져 버렸습니다. 신기술은 오히려 후배들이 더 잘하는 상황이 와버렸죠. 그런데 삽질은 아직도 그렇지 않습니다. 경험할 수 있는 곳이 제한적이다 보니 사수, 부사수의 전통이 최근까지 이어져 왔고 도제식 교육이 아직도 이뤄지고 있습니다. 어쩌면 이런 현실이 삽질 기술자의 가치를 유지시켜 온 거겠죠. 가르치는 학교나 학원이 많은 분야는 배출하는 인재의 수도 많아지기 때문에 자연히 그 가치가 평준화되고 경쟁도 금방 심해지니까요.

이제 내가 배워서 할 수 있는 현실적인 SAP 컨설턴트, ABAP 개발자에 대해 알아보죠. 서두에 SAP를 도입하는 프로젝트에서 세 가지 삽질 기술자가 필요하다고 말씀드렸습니다. 굳이 피라미드로 표시한 것은 상하의 관계라는 의미는 아닙니다. 프로젝트를 수행할 때 필요한 인원수의 비율을 고려하면 저런 모습이 된다는 의미입니다.

SAP 프로젝트에서 PMO의 역할은 다른 SI 프로젝트와 유사합니다. 프로젝트의 전체적인 계획을 세우고 계획에 따라 일정 및 자원이 적절하게 투입되면서 우리가 원하는 프로젝트 결과를 낼 수 있게 사업 전체를 관리하는 역할을 합니다. 특별한 점이 있다면 프로젝트 관리를 할 때도 SAP 제품에 대한 최소한의 지식이 있어야 한다는 점입니다. 우리가 자세히 알아볼 것은 PMO 아래에 있는 SAP 컨설턴트와 ABAP 개발자가 하는 일입니다. 우리가 목표로 하는 일이기도 하고요.

다이어트에 성공하려면

"니 새해부터 다이이트 할 거야."

해가 바뀌면 자주 하는 결심입니다. 하지만 현실이 되는 확률은 아주 낮습니다. 개인과 마찬가지로 회사도 계획을 세웁니다. 비교적 계획대로 일은 진행되죠. 무슨 차이일까요? 여러 이유가 있겠지만 가장 큰 이유는 계획의 구체성 차이라 생각합니다. 회사 일을 할 때 우리는 비교적 구체적으로 계획을 수립하고 반드시 언제까지 하겠다는 일정을 넣습니다. 다이어트도 최소한 내가 지금 몇 킬로그램인데, 언제까지 몇 킬로그램을 빼겠다 정도는 정해야 성공 가능성이 조금은 있지 않을까요? 회사일과 비슷하게 최소한의 계획을 짠다면 다이어트도 성공 확률이 높아질 겁니다. 지금 몸무게를 바로 재는 게 시작이죠. 그리고 목표를 정해야 합니다. 이때 반드시 언제까지 하겠다는 데드라인이 들어가야죠. 조금 독하게 반년에 20kg을 감량하기로 했습니다. 회사 용어로 대비해 보면 현재 몸무게 70kg은 현재상황 또는 As-is라 합니다. 목표 몸무게 50kg은 미래목표 또는 To-be라 합니다. 그 사이가 차이 혹은 Gap이라 부르고 1년 안에 차이인 20kg을 줄여야 하는 거죠. 문제는 이렇게 숫자만 나열한다고 몸무게가 저절로 빠지는 게 아니라는 거죠. 20kg을 감량하기 위해서는 계획이 좀 더 구체적이어야 합니다. 그런데 구체적 계획이 그냥 나오지 않죠. 현재의 내 상황을 면밀히 분석해 보고 미래의 내 모습도 좀 더 구체적으로 그려야 해야 할 일이 명확해질 겁니다.

먼저 지금 내가 왜 이 모양이 됐는지 생활 습관을 분석해야 합니다. 그걸 '현황분석'이라고 합니다. 하루에 몇 끼를 먹는지, 세 끼 이외에 뭘 더 먹는지, 하루에 몇 보를 걷는지, 따로 운동은 하는지 등을 분석합니다. 그리고 목표도 단순히 몸무게 50kg에서 그칠 것이 아니라, 유산소 운동은 하루에 얼마 동안, 근력 운동은 몇 분 동안 할 것인지 정하고, 아침, 점심, 저녁에 섭취할 칼로리를 정하고 거기에 맞게 식단을 지켜야 할 겁니다. 디저트나 야식은 당연히 끊어야 하겠죠. 이젠 단순히 몸무게 줄이는 계획만이 아니라 식단계획, 운동계획 등이 추가로 나올 수 있을 겁니다. 조금 더 나가면 감량계획도 기간을 잘라서 70에서 65로 2개월간, 65에서 60으로 3개월. 이런 식으로 세밀하게 계획을 수립할 수 있을 겁니다. 그리고 실행에 들어가는 거죠. 실제 실행이 계획한 대로 100% 되지는 않겠죠. 환경변화나 내 몸 상태에 맞춰 계획을 계속 수정하면서 실행합니다. 그냥 몇 kg 빼겠다고 했을 때보다 훨씬 성공확률이 높아질 겁니다.

먹고 싶을 때 먹고, 디저트랑 야식을 생각 없이 먹으면서 몸무게 70kg을 만든 생활방식이 있듯이 회사에도 지금의 회사 상황을 만든 고유의 일하는 방식이 있습니다. 회사의 일하는 방식을 업계 용어로는 '프로세스'라고 부릅니다. 획기적으로 감량하기 위해서는 혁명에 가까운 생활방식의 변화가 필요하듯이 회사를 혁신하려면 회사의 일하는 방식인 프로세스를 바꾸어야 합니다. 이 과정에서 SAP 컨설턴트의 활약이 필요합니다.

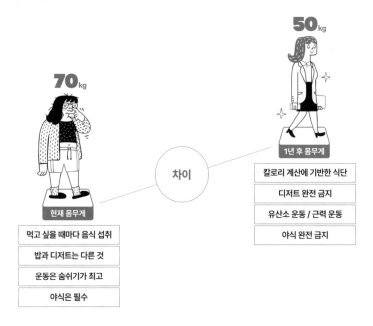

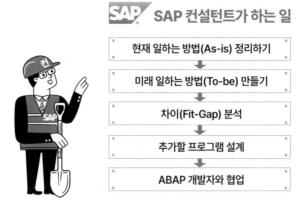

　　SAP S/4HANA를 도입하는 프로젝트가 시작되면 SAP 컨설턴트는 제일 먼저 뭘 해야 할까요? 다이어트를 위해 내가 어떤 생활 습관을 가지고 있는지 현황분석이 필요하다고 했죠. 회사도 지금 어떻게 일을 하고 있는지 현재 일하는 방법을 정리해야 합니다. 그걸 업계 용어로 'As-is 프로세스 분석'이라고 합니다. 우리 회사의 현재 모습을 파악했다면 앞으로 어떻게 할지 이상적인 모습을 그려야 합니다. 일을 더 효율적으로 잘하기 위한 미래에 일하는 방식을 정의하는 것이죠. 이것을 'To-be 프로세스 정의'라고 합니다. 현상As-is을 파악하고 미래 모습To-be을 그렸다면 차이Gap가 나오겠죠. 이 차이를 극복할 방법을 찾는 것이 차이분석입니다. 여기에서 일반적인 SI 프로젝트와 SAP 같은 솔루션 기반의 프로젝트가 달라집니다. SAP 구축 프로젝트의 경우 미래 모습To-be이

SAP 솔루션을 완성한 모습이 되겠죠. 그래서 차이의 대부분이 현재 우리 회사가 일을 하고 있는 방식과 SAP 솔루션이 제시하는 일하는 방법 사이의 차이가 됩니다. 그래서 SAP 제품에서 충분히 기능을 제공하는 SAP 제공 기능에 맞추면 된다는 의미로 '적합' 또는 'Fit'이라 하고 추가로 프로그램을 만들거나 보완해야 한다면 'Gap'으로 정의합니다. 그래서 이 과정을 '핏갭Fit-Gap 분석'이라고 합니다. Gap에서 ABAP 개발자의 일감이 생깁니다. 컨설턴트는 Gap을 세밀히 분석해서 추가할 프로그램의 리스트를 만들고, 각각에 대한 설계서를 만듭니다. 그리고 그 설계서를 ABAP 개발자에게 전달하고 협업해서 추가 프로그램을 만듭니다. 여기까지가 SAP 컨설턴트의 역할입니다. 그 다음은 ABAP 개발자의 역할입니다. 컨설턴트의 설계서와 설명을 바탕으로 ABAP 프로그램을 작성하는 것이 ABAP 개발자의 역할입니다.

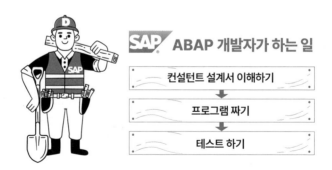

107

모자에 컨설턴트는 첫 글자를 따서 '컨'으로 표시했는데 개발자는 그렇게 하니 안되겠네요. 그래서 영어로 Developer의 'D'를 붙였습니다. 그런데 의문이 듭니다. 왜 그냥 개발자가 아니라 ABAP 개발자라고 부를까요? 그 이유는 SAP가 자사만의 개발 언어를 가지고 있기 때문입니다.

그 언어의 이름이 ABAP('아밥'이라 읽습니다)입니다. 정확하게 얘기하면 SAP 전용 언어가 ABAP만 있는 것은 아닙니다. 웹과 모바일이 대세가 되면서 언어도 더 나왔습니다. Fiori(피오리), UI5(유아이파이브)도 있죠. 하지만 대명사처럼 SAP 관련 개발자를 'ABAPer(아밥퍼)'라고 부릅니다. 이렇게 보니 SAP 컨설턴트의 역할이 ABAP 개발자보다 비교적 많지요. 그래서 SAP 컨설턴트가 되려면 시간과 노력이 ABAP 개발자에 비해 더 들어갑니다. 시장에서의 대우도 SAP 컨설턴트가 조금 더 높습니다.

다이어트에 비유해서 SAP 컨설턴트와 ABAP 개발자가 하는 일을 간단히 설명했습니다. 지금부터는 기술적인 부분을 조금 더 자세히 설명드리겠습니다. SAP에 대한 대략적인 이해가 목적이신 분들은 이 부분을 건너뛰셔도 됩니다. SAP S/4HANA는 ERP 패키지 솔루션이라 했습니다. 옷으로 따지면 맞춤복이 아닌 최고급 기성복입니다. 그래서 몸을 옷에 맞추는 체질개선을 먼저 해야 한다고 했습니다. 다이어트의 가장 큰 목적이죠. 그런데 아무리 기성복이라 해도 키와 체형이 다양한데 한 가지로만 팔 수는 없겠죠. 그래서 표준 치수가 여러 개 있습니다. 치수를 골랐다고 또 끝나는게 아니죠. 표준 치수이기 때문에 바지단은 나에게 딱 맞춰 수선해야 합니다. 간혹은 허리도 약간 늘리거나 줄이기도 하죠. 상의 소매길이나 옆구리를 터서 수선하기도 하고요. 이런 과정을 거치고 나면 나에게 맞춰진 한 벌이 마련됩니다. SAP도 거의 유사한 과정을 거칩니다. 많은 분들이 물으십니다. SAP S/4HANA는 이미 ERP 패키지 솔루션인데 왜 프로그램을 또 개발하나요? 이미 프로그램이 다 만들어져 있는데 말이죠. 저도 처음에는 의아했습니다.

지금부터 SAP S/4HANA라는 최고급 ERP 정장을 우리 회사의 몸에 맞추는 과정을 설명드리겠습니다. 제일 먼저 할 일은 내 몸에 가장 가까운 표준 치수를 선택하는 일이죠. SAP에서는 이 과정을 '커스터마이징Customizing'이라고 합니다. 때때로 컨피그레이션Configuration, 줄여서 '컨피그'라고도 부릅니다. 정장은 하나의 제품이지만 여러 표준 치수가 나뉘어 만들어져 있습니다. 하지만 SAP 제품은 그렇지 않습니다. 물론 중견/중소기업을 위한 솔루션이 있기는 하지만 정장의 표준 치수에 비하면 거의 나뉘어 있지 않다고 봐야 합니다. 그래서 모든 치수가 SAP S/4HANA 안에 들어가 있다고 생각하면 됩니다. 여기서 모든 치수는 모든 산업, 모든 지역으로 이해하면 될 것 같습니다.

쉽게 말해, 스마트폰 만드는 회사, 정유사, 건설사, 아이돌 기획사, 보험사, 조선사 등 거의 모든 산업을 위한 프로세스가 다 들어 있고, 거기다가 대한민국, 미국, 중국, 유럽, 일본, 대만, 베트남 등 모든 국가를 위한 프로세스가 같이 포장되어 있는 겁니다. 그래서 그 속에서 대한민국의 스마트폰 제조사용 치수를 뽑아내야 하는 겁니다. 그 과정은 MBTI 검사를 통해 내 MBTI를 찾는 것과 유사합니다. 수많은 질문에 답하면 내 MBTI 유형이 나오잖아요. SAP의 컨피그도 유사합니다. 귀사는 어떤 산업에 속해 있습니까? 기계업, 제조업, 유통업? 그중에서 우리 회사의 산업을 선택합니다. 귀사는 어떤 생산 전략을 사용합니까? 주문제작형, 계획생산형? 또 우리 회사의 제품에 맞는 전략을 선택하는 식이죠. 이런 선택과 설정을 수없이 하는 겁니다. 그 과정이 너무 어렵기 때문에 전문적인 지식을 가진 컨설턴트가 수행합니다.

이 단계는 단순하게 생각하면 스마트폰을 새로 샀을 때 최초 설정하는 것과 같습니다. 생각해 보니 그것도 갤럭시 컨설턴트나 아이폰 컨설턴트가 대신 해주네요. IT기기에 익숙하신 분들은 개인이 직접 하시기도 하죠. 이때 하는 일이 갤럭시라면 구글 계정을 연결하고, 통신사 연결 및 와이파이 연결을 하죠. 그 외에 어떤 언어(영어, 한국어, 중국어 등)를 사용할 건지, 화면의 밝기, 볼륨, 바탕 화면 설정 등을 합니다. 이런 과정을 거쳐야 스마트폰이 사용 가능한 상태가 됩니다.

SAP의 컨피그는 단지 그 과정과 복잡도가 극단으로 높을 뿐입니다. 그래서 한 명의 컨설턴트가 모든 것을 설정할 수가 없고 앞에서 배웠던 BC, 영업, 구매, 생산, 관리, 재무 등 각 업무 영역별로 컨설턴트가 들어가서 고객과 함께 고민하면서 우리 회사에 맞는 설정(컨피그레이션)을 합니다. 이제 내게 맞는 표준 치수는 정했습니다. 남은 건 소매와 바지길이 수선입니다. 수선하는 방법은 몇 가지가 있습니다.

첫 번째는 우리가 표준Standard이라 부르는 SAP의 소스코드를 바로 고치는 겁니다. 그걸 '수정Modifying'이라고 합니다. 문제는 이렇게 할 경우 회사마다 막 고치게 되어서 한참 후에는 SAP 제품인지 아닌지도 구분이 안 갈 정도가 되어 버립니다. 그 상태에서 SAP가 기능을 업그레이드 했습니다. 적용이 가능할까요? 어디를 고쳤는지 모르기 때문에 어려워집니다. 사실 이런 솔루션도 많습니다. 그냥 소스코드의 묶음 수준인거죠. 그런데 SAP는 그렇지 않습니다. 철저하게 표준에 대해서는 손을 댈 수 없게 해놨습니다. 그걸 예외적으로 열 수 있는 열쇠를 제공합니다. 그 접근 키Access Key를 받아서 표준 프로그램을 수정하거나 노츠Notes를 적용합니다. 그것도 아주 제한적입니다. 기본적으로 SAP는 표준 영역에 대한 수정을 허용하지 않는다고 기억하시는게 좋습니다.

두 번째는 확장Enhancement입니다. 확장은 SAP가 처음부터 일부 기능을 추가할 수 있도록 열어 놓은 것입니다. 표준의 메뉴를 수정한다던지, 표준 화면에 특정 필드를 더하던지 하는 일을 할 수 있습니다.

마지막 세 번째는 CBOCustomer Bolt On입니다. 이건 정말 프로그램을 추가로 짜서 더하는 겁니다. 개발은 SAP의 전용 개발 툴인 아밥ABAP을 이용합니다. 정리해 보면 이런 그림이 되겠네요.

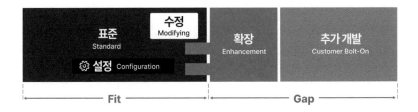

커스터마이징Customizing 또는 컨피그를 통해 기본 설정을 하고, 필요할 경우 수정Modification과 확장Enhancement을 통해 SAP가 허용하는 표준에 대한 수정이나 기능을 추가하고, 마지막으로 우리 회사가 필요로 하는 추가 프로그램들을 아밥ABAP을 통해 개발하는 것이 ERP 프로젝트의 구축과정에서 하는 일입니다. 앞에서 배웠던 Fit-Gap이 SAP 솔루션에서 어떤 영역인지 이제 확실히 아시겠죠? 한번 더 말씀드리면 SAP가 제공하는 표준기능으로 해결이 가능한 프로세스를 표준기능에 적합하다는 의미로 'Fit'이라고 합니다. 반면 고객에 맞춰 수정이나 추가 개발이 필요한 프로세스는 표준과 차이가 있다는 의미로 'Gap'이라고 합니다. 둘을 합쳐 Fit-Gap이라 하고, SAP 컨설턴트가 수행하는 업무 중에 가장 중요하면서도 어려운 단계입니다.

설명을 하다 보니 영어로 된 용어가 많이 나옵니다. 최대한 한글로 표현하고 있지만 실제 현장에서는 영어 용어가 표준으로 사용되니 가능하면 같이 익혀두시는 것이 일하실 때 도움이 됩니다.

조금 더
알아보자

프로세스 프로세스 하는데 실체가 뭘까?

      범죄도시가 대박을 치고 있습니다. 제가 10대였을 때도 조폭 영화가 유행한 적이 있었습니다. 하나의 장르로 분류될 정도였죠. 요즘 영화에서 폭력 조직은 글로벌화되었죠. '러시아', '중국', '필리핀' 그 출신도 다양하죠. 하지만 과거 조폭의 트레이드마크는 걸쭉한 전라도 사투리였습니다. 그들이 자주 하는 말에 '거시기'가 있습니다.

  "거시기가 자꾸 거시기하고 댕기면, 우리가 거시기항께 언능 거시기해부러라."

  왠지 무슨 말인지 아실 것 같으시죠. 회사에서도 회의를 하면 비슷한 장면이 연출됩니다.

  "그건 원래 프로세스에 문제가 있었던 것 같으니까, 재차 프로세스를 검증해 보고, 새로 프로세스를 잡읍시다."

대그빡에 프로사쓰 개안히 개통 해볼텨?

회사 생활을 하면서 가장 많이 듣거나 사용하는 단어 중 하나가 바로 '프로세스'입니다. 앞서 프로세스란 말이 엄청 나왔었죠. 그럼에도 불구하고 갑자기 '프로세스'가 무엇이냐고 물어보면 속 시원한 답을 해줄 수 있는 사람이 드문 것도 사실이죠. 프로세스란 도대체 무엇일까요? 프로세스는 원래 'Process'라는 영어임에도 불구하고 국어 사전에 '프로세스'라는 항목으로 등재되어 있을 만큼 많이 익숙합니다. 프로세스는 사전적인 의미로 '일이 처리되는 경로나 과정 또는 절차'로 정의됩니다. 간단히 말하면 '일하는 방법'이라고 할 수 있습니다. 일을 한다는 것은 필요한 자원을 투입(입력)해 어떤 처리의 과정(프로세스)을 거쳐 원하는 결과(출력)를 얻는 것입니다. 그래서 하나의 프로세스는 입력, 프로세스, 출력의 세 가지 요소로 구성됩니다.

국어사전

프로세스 (Process)

명사

1 일이 처리되는 경로나 공정.
2 컬러 원고를 사진 제판이나 컬러 스캐너로 색 분해를 한 다음 다색 인쇄용의 평판을 만드는 일. 또는 그렇게 만든 판.

국어사전 결과 더보기

출처: 네이버 사전

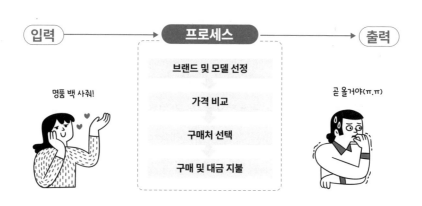

　마눌님의 명품 백 구매 대행을 프로세스 관점에서 정리해 보면 그림처럼 됩니다. 시작은 명품 백을 선물로 달라는 입력입니다. 이걸 회사에서는 '구매 요청'이라고 합니다. 구매 요청을 받으면 물건을 사야 하겠죠. 적합한 물건을 고르고 백화점이나 온라인 매장에서 구매하면 '샤넬 백'이라는 출력이 만들어질 겁니다. 그 사이에 해야 할 일이 순차적으로 정리되어 있습니다. 그걸 '프로세스'라고 부릅니다. 그래서 프로세스를 '일이 처리되는 경로나 과정 또는 절차'로 정의합니다. 그런데 기업은 하나의 프로세스만 가지고 일을 할 수 없습니다. 이런 프로세스가 수없이 모여야 기업이 운영됩니다. 대기업군에 속하는 기업이라면 보통 전체 프로세스의 수가 천 개 정도 됩니다. 삼성전자와 같은 글로벌 기업은 더 디테일해서 프로세스가 수천 개를 넘어갑니다.

삽질을 배우는 곳

이제 삽질을 공부할 수 있는 방법에 대해 알아볼 차례입니다. 뭔가 새로운 것을 배우는 방법은 근본적으로 두 가지죠. 독학과 누군가에게 가르침을 받는 것. 일단 SAP는 독학을 하기에는 어려움이 많습니다. 독학하는데 가장 좋은 방법이 뭘까요? 책을 읽는 것이죠. 문제는 SAP 관련 도서가 국내에는 그렇게 많지 않고 그 조차도 ABAP 프로그래밍에 국한되어 있습니다. 해외 도서는 비교적 많습니다. 문제는 다 영어라는 점이죠. 아무래도 가장 좋은 책은 SAP press에서 직접 출판하는 정식 SAP 교재들입니다. 교보문고 사이트에서 SAP와 ABAP이라는 키워드로 조회를 해 보면 바로 이해하실 수 있습니다.

SAP로 조회했을 때 전체 2,414건이 조회되지만, 그중 국내도서는 15건에 불과하고 그중에서 절판 및 품절된 책이 7건이었습니다. ABAP도 상황은 비슷합니다. 전체 191건이 조회되지만 국내도서는 10건에 불과합니다. 황당하게도 절판이 그중에서 9건입니다. 결론은 SAP를 독학하려면 영어를 잘해야 한다는 것이죠. 이런 이유로 SAP에 진입하기가

쉽지 않은 것이죠.

컴퓨터와 관련된 학습은 책만 읽는다고 이해가 되지 않죠. 직접 자기 손으로 해 보면서 학습하는 것이 가장 좋은 방법입니다. 그런데 SAP를 공부하려면 직접 해 볼 수 있는 환경을 갖추는 것 자체가 굉장히 어렵습니다. 방법이 없는 것은 아니에요. 굉장히 까다로울 뿐입니다. 그 방법은 이 책의 뒷부분에 다루도록 하겠습니다.

두 번째 방법인 누군가에게 배우는 것이 그래도 효율적이지요. 누군가에게 배우는 것은 몇 가지로 나눌 수 있습니다. 가장 좋은 교육은 아무래도 솔루션을 만든 SAP사가 제공하는 정식 교육과정을 수강하는 것이지요. 그런데 문제가 있습니다. 돈이 너무 많이 들어가고, 내가 원하는 과정, 특히 SAP 컨설턴트 과정은 한국에서 적시에 제때 잘 열리지 않습니다. 물론 온라인 과정이 있습니다. 주로 영어강의이고, 교재는 일단 거의 영어입니다.

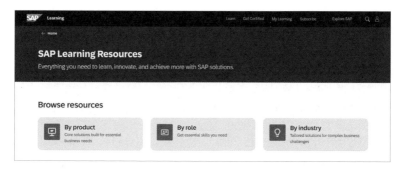

https://learning.sap.com/

삽질 경력 20년인 저도 들어갔다가 바로 길을 잃었습니다. 그래서 투자를 좀 적게 하고 쉽게 가르치는 곳을 찾게 됩니다. SAP 관련 학습이 어려운 가장 큰 이유가 초기 진입장벽이 높기 때문입니다. 대략 지도 보는 법이라도 알면 시간이 걸려도 길은 찾을 수 있는데 SAP 관련 일의 복잡도는 극강인데 그 지도 보는 법을 알려 주는 곳이나 책이 거의 없기 때문이죠. 그래서 지금까지 삽질은 회사에 들어가서 사수에게 도제식으로 배우는 영역이었습니다. 그랬던 것이 디지털 전환이 본격화되자 상황이 바뀌기 시작했습니다. SAP의 주요 고객이었던 글로벌 기업군, 대기업군 외에 그보다 규모가 적은 중견기업들. 여기에 더해 그동안 시스템 도입에 주저하던 식음료, 주류, 철강 등의 산업도 SAP 도입을 시작했습니다.

디지털이 주류가 된 시대에 데이터의 중요성은 아무리 강조해도 모자람이 없죠. 기업의 데이터를 쓸모 있도록 하는 주춧돌 역할을 하는 것이 ERP입니다. 전문 용어로는 ERP가 데이터 플랫폼 역할을 한다고 합니다. 그런데 이 중요한 ERP 영역에서 SAP는 전 세계 시장에서 거의 독보적입니다. 비공식적인 독점 상태라 해도 크게 틀린 말은 아니죠. 그렇다 보니 삽질할 사람이 많이 필요하게 되었습니다. 그래서 삽질을 교육하는 기관이나 개인이 알음알음 생기기 시작했습니다. 일단 발 빠른 국내의 대학들이 교육 과정을 개설해 운영하고 있습니다. 아무래도 비교적 배우기도 쉽고 가르치기도 쉬운 ABAP 프로그래밍이 주가 되고 있고, SAP 컨설턴트 과정도 기본 과정 수준에서 개설되고 있습니다. 꽤 오래 해오고 국내에서 유명한 곳이 건양대학교입니다. 건양대학은 기업소프트웨어학부에서 ABAP 커리큘럼을 이수하고 관련 자격증인 ABAP Certification을 취득하도록 돕고 있습니다. SAP 컨설턴트 과정은 국민대에서 MIS(경영 정보 시스템)의 일부로 다루고 있습니다. 그 외에 다수의 대학이 SAP 관련 과정을 개설하거나 운영하고 있습니다. 인터넷에서 조회해 보시면 금방 찾으실 수 있을 겁니다.

상황이 이렇다 보니 SAP도 변화가 있었습니다. 정부 국비지원을 받아 SAP가 개설하는 정규 과정을 수강할 수 있는 방법이죠. 정식 과정의 명칭은 SYNC이고 6개월 과정입니다.

과정명	SAP Young Next Cloud(SYNC) 아카데미
모집인원	서울(종각역) 125명 부산(전포역) 25명
모집기간	2024.03.26(화) ~ 2024.05.09(목) 오전 11시까지
교육기간	2024.07.01(월) ~ 2024.12.24(화) 주 5일(월~금) 09:30 ~ 18:30

https://www.sap-sync.com/

이 과정도 주로 ABAP 프로그래밍에 대한 내용입니다. 장점은 SAP사가 주관하다 보니 고가의 정식 교재(물론 영어입니다)를 제공하고 강사진도 현직에서 일하고 계신 컨설턴트들이 참여한다는 점이죠. 현시점에서 가장 추천드리는 삽질을 배울 수 있는 방법입니다.

SYN◉ 정규과정 커리큘럼 SAP Young Next Cloud	

2개월
Cloud Backend Service 개발
(ABAP)
	• ABAP 기본 프로그래밍
	  - 기본 문법
	  - 레포트 프로그래밍
	  - 데이터베이스 업데이트 프로그래밍
	  - 객체지향 프로그래밍 표준확장
	• ABAP for HANA
	• CDS(Core Data Services) view
	• Restful ABAP

1개월 Cloud Frontend Service 개발 (UI5/Fiori)	• UI Development with SAPUI5 • Developing SAP Fiori UIs
3개월 PROJECT	• ABAP과 UI5를 활용한 기업용 어플리케이션 개발 프로젝트

SYNC 과정이 처음 시작될 때는 경쟁률이 그렇게 높지 않았습니다. 지금은 입소문이 좀 나서인지 경쟁률이 3:1을 넘고 있다고 합니다. 그래서 선발을 하고 있고요. 선발 과정 중에 가장 중요한 것이 면접이라고 합니다. 2번에 걸쳐 면접을 보는데 그중 1차 면접이 '기술면접'이라고 합니다. 가시기 전에 이 책을 읽고 가시면 도움이 될 것 같습니다.

누차 말씀드렸지만 삽질의 초기 진입장벽은 아주 높습니다. 소개해 드린 과정을 다 수료한다고 해도 바로 일할 수 있는 것은 아닙니다. 기업은 바로 일할 사람을 필요로 하기 때문이지요. 그래서 교육을 수료하고도 실전에서 도태되는 분들도 많습니다. 그래서 삽질이 아직 좋은 일자리로 남아 있는 것이죠.

 지금까지 삽질의 기초이론을 말씀드렸습니다. 여기까지 오신 것도 어려우셨겠지만 이제 지도를 편 것에 불과합니다. 그냥 펴기만 하신 겁니다. <Part 2>에서는 혼자서 SAP를 체험할 수 있는 환경을 만들고 실제로 쉬운 삽질을 해 보도록 하겠습니다. 따라오세요.

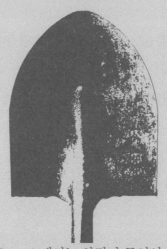

　　<Part 1>에서는 삽질이 무엇인지에 대해 기술적인
용어와 SAP의 실제 화면을 최대한 배제하고 설명을 드렸습니다. 처음
부터 기술적인 이야기를 잔뜩하면 흥미가 뚝 떨어지잖아요. 그렇다고
컴퓨터 시스템과 프로그래밍 일을 하겠다면서 그것들을 계속 피할 수
는 없습니다. 호랑이를 잡으려면 호랑이 굴에 들어가야죠.

　　그래서 <Part 2>에서는 삽질을 독학할 수 있는 환경을 집에서 구축
하는 방법을 공부하고 운 좋게 환경 구성에 성공한다면 실제로 로그인
(Log in)해서 SAP 시스템을 사용해 보는 것까지 해 보도록 하겠습니다.
만약 회사에서 SAP를 사용하시거나 정규 교육과정을 받으시는 분들
중에 이 책을 참고하고 계시다면 SAP 환경을 설치하는 이 부분은 넘어
가셔도 됩니다.

PART

2

진   짜

삽   질   해

보   기

06

독학으로 삽질 공부하는
환경 구성하기

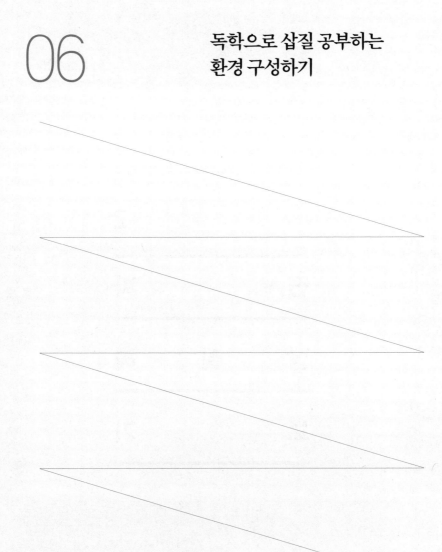

삽질 환경 구성을 이해하려면 좀 따분한 컴퓨터 구조에 대한 이야기를 먼저 해야 합니다.

컴퓨터의 기본 구조

기본적인 컴퓨터의 구조는 폰 노이만John von Neumann이 제시한 모델입니다. '메인보드'라 부르는 회로기판(PCB)에 중앙 처리 장치(CPU)가 꽂혀 있고, 이것을 중심으로 메모리와 저장 장치가 연결된 구조입니다. 모든 컴퓨터와 서버(Server, 기업에서 사용하는 안정성이 높은 비싼 컴퓨터), 심지어 스마트폰까지 이 구조를 기반으로 만들어졌습니다.

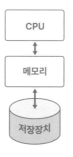

각 영역이 수행하는 것을 요리사가 요리를 하는 것으로 비유를 많이

합니다. CPU는 요리를 하는 곳이고, 저장 장치(DB, 데이터베이스)는 요리를 할 고기나 채소 같은 재료를 저장하고 있는 곳이죠. 문제는 재료가 필요할 때마다 냉장고나 창고 역할을 하는 저장 장치를 열고 바로 손을 봐서 요리를 하는 곳인 팬이나 냄비에 넣을 수가 없습니다. 그래서 필요한 것이 도마이지요. 도마 역할을 하는 것이 메모리입니다. 당장 필요한 재료들을 미리 꺼내 메모리에 두고 CPU가 메모리에 있는 것을 계산하는 겁니다. 계산한 결과는 다시 저장 장치로 보내죠. 이 구조가 수십 년간 거의 비슷하게 유지되고 있는 컴퓨터가 작동하는 방식입니다. 여기까지는 CPU, 메모리, 저장 장치라는 물리 장치들Hardware이 어떻게 함께 일하는지에 대한 내용입니다. 우리는 여기에 더해 소프트웨어Software의 플랫폼 구조도 조금 더 알아야 합니다.

플랫폼이라는 말은 정말 많이 사용되죠. 그러다 보니 정확한 의미를 더 알 수 없게 되는 것 같습니다. 플랫폼이라는 말의 어원은 기차 플랫폼입니다. 많이 알려진 이야기죠. 그런데 저는 이 비유가 더 헷갈리더라고요. 그래서 저는 간단하게 정의했습니다. 플랫폼은 '일을 할 수 있는 판'이라고요. 그래서 플랫폼은 수많은 계층을 가질 수 있습니다. 플랫폼 위에 플랫폼, 다시 그 위에 플랫폼이 만들어질 수 있는 거죠. <Part 1>에서 클라우드에 대해 알아봤었죠. 그때 IaaS, PaaS, SaaS라는 걸 배웠습니다. 이 세 가지도 플랫폼이라고 부를 수 있습니다.

소극장	무대 설치	공연 준비
하드웨어	운영체제 OS, 미들웨어	응용 프로그램
		사스(SaaS)
	파스(PaaS)	
이아스(IaaS)		

서비스 제공 영역

기억나시나요? 잘 모르시겠다면 다시 돌아가셔서 한번 더 읽어보세요. 결론부터 말씀드리면 이 구조를 플랫폼의 계층 구조로 표시할 수 있습니다. 결국 IaaS, PaaS, SaaS의 관계는 극장에 비유할 수 있는 하드웨어 플랫폼인 IaaS, 그 위에 무대를 설치하는 플랫폼인 PaaS가 올라가고, 그 위에 배우들이 공연하는 SaaS가 올라가 있는 형태입니다. 가장 아래의 IaaS 영역은 하드웨어, 그 위의 PaaS, SaaS 영역은 소프트웨어입니다.

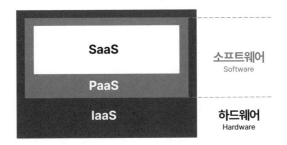

집에서 사용하는 컴퓨터도 비슷한 구조를 가집니다. 제일 아래에는 물리적인 하드웨어인 CPU, RAM, 저장 장치, 비디오 카드 등으로 구성되어 있습니다. 물리적 하드웨어 위에 운영체제(Windows, 애플 제품은 MacOS)를 설치하고, 이 운영체제 위에 유튜브, 넷플릭스, 네이버, ChatGPT 등의 소프트웨어를 설치해 사용합니다. 12 코어 CPU에 32기가 램, 12테라바이트의 저장 장치를 가진 일반적인 컴퓨터를 가정하면 이런 형태가 되겠죠.

만약 SAP도 유튜브나 넷플릭스처럼 아주 편하게 설치 프로그램 하나만 깔고 바로 사용할 수 있으면 얼마나 좋겠습니까? 불행히도 SAP는 조금 더 복잡한 설치 과정을 거쳐야 합니다. 그 과정을 이해하려면 SAP 시스템의 3계층 구조를 알아야 합니다. 알아야 할 게 많죠. 그래서 진입장벽이 높은 겁니다.

SAP의 3계층 구조

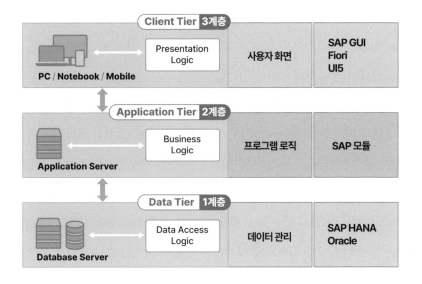

  클라우드 시대에 어색하긴 하지만, 어떤 분야든지 제대로 이해하려
면 역사를 알아야 할 때가 있습니다. SAP의 제품도 처음부터 클라우드
시대에 만들어지지 않았습니다. 클라이언트Client-서버Server 시대에 만
들어졌죠. 그러다 보니 SAP 제품의 기본적인 구조는 3계층입니다. 3계
층은 각각 역할이 다릅니다. 아래에서부터 데이터를 관리하는 계층, 프
로그램을 짜서 프로세스 로직을 심는 계층, 사용자 화면을 보여 주는
계층으로 구성됩니다. 아래서부터 데이터 계층Data Tier, 어플리케이션
계층Application Tier, 사용자 계층Client Tier이라고 부릅니다. 1계층과 2계

층은 서버라 부르는 곳에 설치되고, 3계층은 개인의 컴퓨터에 설치됩니다. 그래서 일반적으로 1계층과 2계층은 BCBasis 컨설턴트라는 전문가가 회사에 있는 서버나 클라우드에 설치하고, 3계층만 개인이 자신의 컴퓨터에 설치하는 형태입니다. 반면 우리는 이 3개의 모든 계층을 내 컴퓨터에 설치해야 하는 겁니다.

회사에서는 데이터베이스 서버가 1계층이고 여기에 사용되는 툴은 앞에서 공부한 하나HANA 데이터베이스를 사용합니다. 하나가 나오기 전에는 오라클Oracle 데이터베이스를 주로 사용했죠. 2계층은 어플리케이션 서버에 설치되고 프로그램 로직을 구성하는 곳입니다. SD, MM, PP, CO, FI와 같은 SAP 모듈의 로직이 여기에서 관리되죠. 3계층은 실제 사용자가 컴퓨터에 설치하는 것입니다. SAP GUI가 기본이고, 웹 형태나 모바일에 적합한 Fiori, UI5를 사용하기도 합니다.

이 정도 배경지식을 가지고 실제로 설치 과정을 진행해 보겠습니다. 설치는 총 5단계로 진행됩니다. 먼저 1계층과 2계층을 내 컴퓨터에 설치하기 위해 가상 머신을 먼저 설치합니다. 그리고 그 위에 1계층과 2계층에 해당하는 SAP 서버를 설치하고 구동합니다.

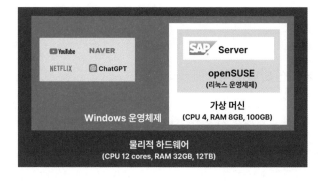

다음은 3계층에 해당하는 SAP GUI를 설치하여 가상 머신에 설치된 SAP 서버에 접속하는 것입니다. 정리하면 다음과 같습니다.

❶ 가상 머신 S/W 설치(오라클 VM VirtualBox)

❷ 가상 머신에 운영체제 설치(openSUSE 리눅스)

❸ SAP 소프트웨어 다운로드

❹ SAP 서버 설치(가상 머신의 openSUSE 리눅스 운영체제)

❺ SAP GUI 설치

설치 과정에서 사용되는 VM웨어나 운영체제는 상황에 따라 다른 툴을 사용할 수 있습니다. 여기서는 오라클 VirtualBox와 openSUSE를 사례로 설명하겠습니다.

삽질 환경 구성 따라 해 보기

① 가상 머신 S/W 설치

1 윈도우 운영체제를 사용하는 내 컴퓨터에 가상 머신을 1대 만들어 볼 것입니다. 설치할 가상 머신 S/W는 오라클의 VirtualBox입니다. 아래 사이트에 접속하면 Windows hosts 버전을 무료로 다운받을 수 있습니다.

다운로드 링크 ⬇ https://www.virtualbox.org/wiki/Downloads

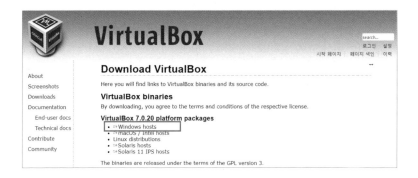

2 Windows hosts 링크를 눌러 설치 파일을 다운로드 한 뒤, 실행합니다. 현재 버전은 7.0.20이며, 설치는 일반 소프트웨어처럼 [Next] 버튼만 몇 번 누르고, [Install] 버튼을 누르면 끝납니다.

3 설치가 완료되고, VirtualBox를 실행한 모습입니다.

 패키지 오류 발생 시 이렇게 하세요!

① 만약 Microsoft 사의 Visual C++ 2019 Redistributable Package가 설치되어 있지 않다면, 아래와 같은 오류가 발생하고 더 이상 진행되지 않습니다.

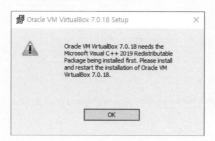

② 그러면 네이버에서 'Microsoft Visual C++ 2019 Redistributable Package'을 검색하여, Microsoft 사의 다운로드 페이지로 이동합니다.

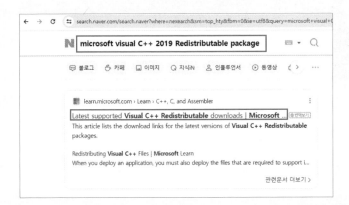

③ 그리고 스크롤을 아래로 내려 최신 버전을 다운로드하여 설치합니다(일반적으로 64bit 컴퓨터이기 때문에 ×64 버전을 다운로드 받으면 됩니다.). 그리고 다시 VirtualBox를 설치합니다.

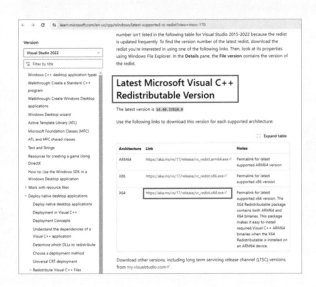

2 가상 머신에 운영체제 설치

앞에서 설치한 가상 머신 VirtualBox에 openSUSE 리눅스15.3을 설치할 것입니다.

15.4 이상은 에러가 발생할 수 있어 15.3 버전을 추천합니다.

1 openSUSE-Leap-15.3-3-DVD-x86_64-Build38.1-Media.iso 파일을 다운로드 받습니다.

다운로드 링크 ↓ https://download.opensuse.org/distribution/leap/15.3/iso/

openSUSE-Leap-15.3-3-DVD-s390x-Media.iso.sha256	2022. 3. 7. 오후 9:25	106
openSUSE-Leap-15.3-3-DVD-s390x-Media.iso.sha256.asc	2022. 3. 7. 오후 9:25	481
openSUSE-Leap-15.3-3-DVD-x86_64-Build38.1-Media.iso	2022. 3. 5. 오전 4:31	4.3 GB
openSUSE-Leap-15.3-3-DVD-x86_64-Build38.1-Media.iso.sha256	2022. 3. 7. 오후 9:25	118

Showing 1 to 20 of 56 entries   Previous 1 2 3 Next

2 VirtualBox를 실행하고, 새로 만들기(N) 버튼을 클릭합니다.

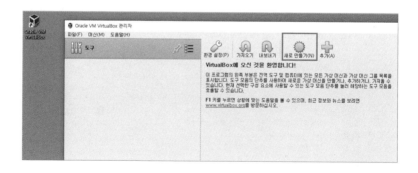

3 가상 머신 만들기

A 이름과 폴더를 입력하고 **1**에서 다운받았던, openSUSE-Leap-15.3-3-DVD-x86_64-Build38.1-Media.iso 파일을 선택합니다. 그런 다음 [다음] 버튼을 클릭합니다.

openSUSE 파일을 지정하면 종류는 Linux, 버전은 openSUSE(64-bit)로 자동 입력됩니다.

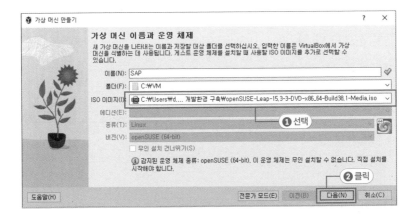

B 하드웨어 용량은 기본 메모리 8096MB, CPU 4개, 하드 디스크는 100GB로 선택하여 [완료] 버튼을 클릭하면, 가상 머신이 만들어집니다.

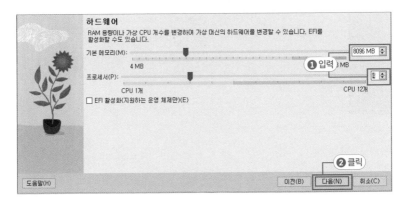

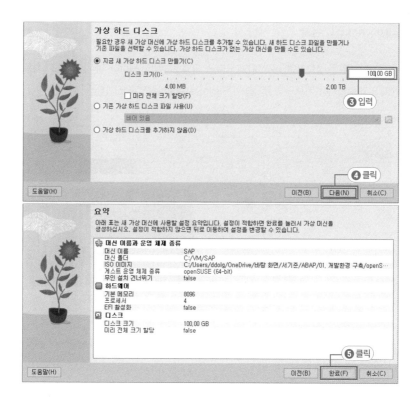

C SAP라는 가상 머신이 만들어졌습니다. 가상 머신의 상세 정보가 나타나면, 시작(T) 버튼을 클릭합니다. 즉, 가상 머신의 전원 버튼을 누르는 것입니다. 우리가 PC를 구입해서 처음 전원을 켜고, 윈도우 관련 설정을 하듯이, 가상 머신의 시작 버튼을 클릭해서(전원을 켜고) openSUSE 리눅스를 설치합니다.

4 openSUSE 리눅스 설치하기

A 시작 버튼을 클릭하면 openSUSE 리눅스 파일로 부팅이 됩니다. 아직 마우스가 작동
하지 않을 것입니다. 키보드 방향키를 이용해 Installation을 선택하고 [Enter]를 누릅니다.

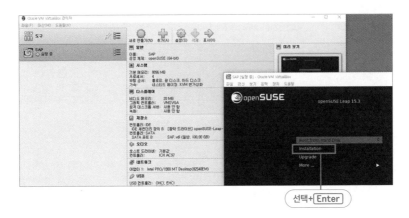

B 아래의 화면이 나타나면 [Next] 버튼을 클릭합니다. YaST2 Online Repositories 팝
업창에서 [Yes] 버튼을 클릭합니다.

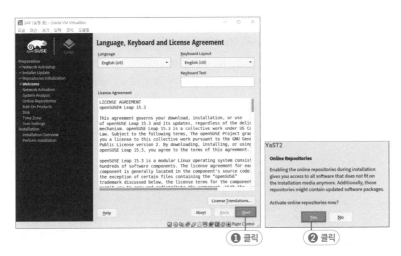

C Desktop with GNOME을 선택하고 [Next] 버튼을 클릭합니다.

윈도우처럼 그래픽 시스템을 사용할 수 있어 초보자가 작업하기 편합니다.

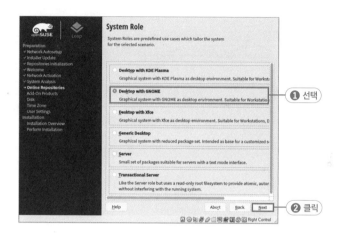

주의 1 **파티션 및 파일 시스템 설정**

① [Suggested Partitioning] 화면에서 [Expert Partitioner]–[Start with Existing Partitions]을 클릭합니다.

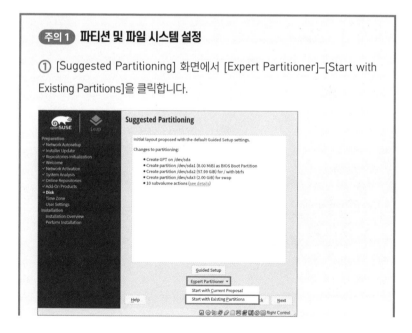

② 'sda 100GB'을 확인하고 [Edit...] 버튼을 클릭합니다.

③ Role : Operating System 선택 → Filesystem : Ext4 선택 – [Next] 버튼을 클릭합니다.

④ [Accept] 버튼 클릭 → [YaST2 Warning] 팝업창에서 [Yes] 버튼을 클릭합
니다.

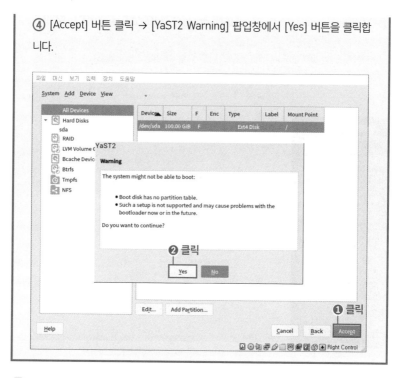

D Asia – Seoul 선택합니다(지도에서 서울을 클릭해도 됨).

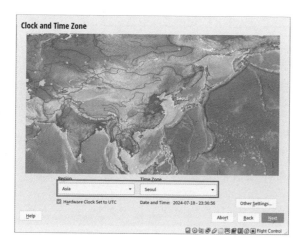

E Username(admin)과 Password(abap2022!)를 입력하고 [Next] 버튼을 클릭합니다.

> 사용자 ID와 패스워드에 해당하므로 다른 값을 입력해도 됩니다.

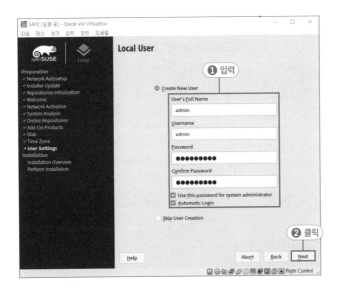

주의 2 Installation Settings에서 두 가지 설정을 변경해야 합니다.

- Firewall will be enabled(disable)에서 'disable'을 클릭하여 Firewall will be disabled(enable)로 변경합니다.

- SSH service will be disabled(enable)에서 'enable'을 클릭하여 SSH service will be enabled(disable)로 변경합니다.

- 마지막으로 [Install] 버튼을 클릭하면 설치가 시작됩니다. 약 30~40분 소요됩니다.

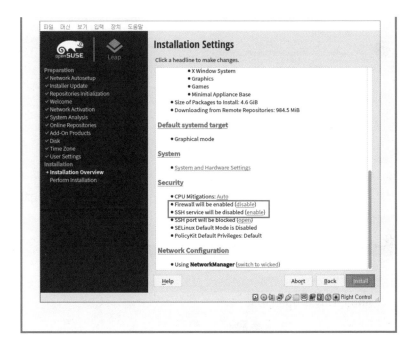

F openSUSE 리눅스 설치가 완료되면, [장치]–[광학 드라이브]–[가상 드라이브에서 디스크 꺼내기]를 클릭합니다. 아래의 박스가 나타나면 [강제 마운트 해제] 버튼을 클릭하여 openSUSE 15.3 설치 파일을 가상 드라이브에서 꺼냅니다.

> 윈도우 설치 파일을 USB나 CD에서 계속 장착하고 있으면, 부팅할 때마다 '윈도우를 설치하시겠습니까?' 물어보듯이, openSUSE 리눅스 파일도 장착을 해제해 줘야 더 이상 물어보지 않습니다.

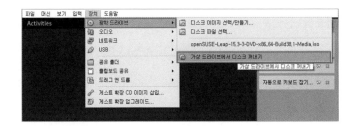

G 설치가 완료되고 openSUSE가 부팅된 화면입니다. 지금까지 SAP 소프트웨어를 설치할 가상의 서버를 구성했습니다. 이제 openSUSE라는 가상의 서버 위에 SAP를 설치해보겠습니다.

3 SAP 소프트웨어 다운로드

설치 파일을 먼저 다운받겠습니다. SAP에서는 개발자들을 위해 무료 버전을 제공합니다. 여러 버전이 있으며, 그중 SAP NetWeaver AS ABAP Developer Edition 7.52 SP04 : SAP ABAP AS Part1~11 및 SAP ABAP AS Part License 파일을 다운로드 받으면 됩니다.

다운로드 링크 ↓ https://developers.sap.com/trials-downloads.html

SAP NetWeaver AS ABAP Developer Edition 7.52 SP04

The ABAP application server on ASE 16.0 provides a platform to try out the ABAP language and toolset. It is pre-configured with Fiori L
Virtual Machine, backend/frontend connections, roles, and sample applications. It also includes all the standard ABAP AS infrastructu
operations/persistence, Change and Transport System, SAP Gateway, interoperability with ABAP Development Toolkit and SAP WebID
guide.

Name	Release Date	Version	File Size	Checksum	Comments
⬇ SAP ABAP AS Part 1	6-Sep-2018	7.52 SP04	1.5 GB	SHA-256	n/a
⬇ SAP ABAP AS Part 2	6-Sep-2018	7.52 SP04	1.5 GB	SHA-256	n/a
⬇ SAP ABAP AS Part 3	6-Sep-2018	7.52 SP04	1.5 GB	SHA-256	n/a
⬇ SAP ABAP AS Part 4	6-Sep-2018	7.52 SP04	1.5 GB	SHA-256	n/a
⬇ SAP ABAP AS Part 5	6-Sep-2018	7.52 SP04	1.5 GB	SHA-256	n/a
⬇ SAP ABAP AS Part 6	6-Sep-2018	7.52 SP04	1.5 GB	SHA-256	n/a
⬇ SAP ABAP AS Part 7	6-Sep-2018	7.52 SP04	1.5 GB	SHA-256	n/a
⬇ SAP ABAP AS Part 8	6-Sep-2018	7.52 SP04	1.5 GB	SHA-256	n/a
⬇ SAP ABAP AS Part 9	6-Sep-2018	7.52 SP04	1.5 GB	SHA-256	n/a
⬇ SAP ABAP AS Part 10	6-Sep-2018	7.52 SP04	1.5 GB	SHA-256	n/a
⬇ SAP ABAP AS Part 11	6-Sep-2018	7.52 SP04	90.6 MB	SHA-256	n/a
⬇ SAP ABAP AS Part License	9-Mar-2023	n/a	1.1 KB	SHA-256	n/a

1 파일을 다운로드 받으려면 회원가입을 먼저 해야 합니다. 메일 주소를 입력하고 [Next] 버튼을 클릭합니다. 잠시 후, 입력한 메일 주소로 확인 메일이 날라옵니다.

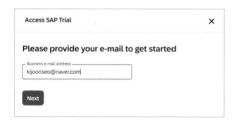

2 이름, 전화번호, 회사 등을 입력하고 [Submit] 버튼을 클릭합니다.

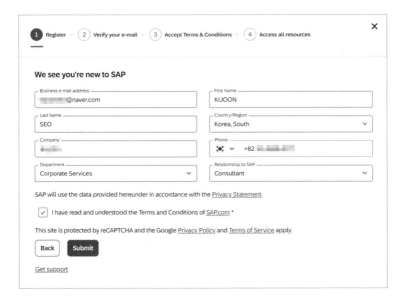

3 입력한 E-mail에 접속하여 메일을 확인합니다. 메일 내용에 있는 [Click to activate your account] 버튼을 클릭합니다. 그러면 비밀번호 입력 화면으로 넘어갑니다.

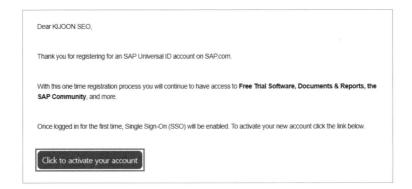

4 비밀번호를 입력하고 [Submit] 버튼을 클릭합니다.

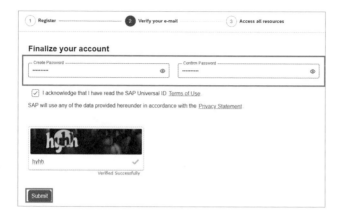

5 다음 화면에서 다시 [Submit] 버튼을 클릭합니다. 그런 다음 [Click here to start your download!] 버튼도 클릭합니다. 마지막으로 이메일 주소를 한 번 더 입력하면 다운로드가 됩니다.

6 팝업창이 뜨면, 원하는 폴더를 선택하고 저장합니다.

7 01~11번(SAP ABAP AS Part1~SAP ABAP AS Part11)까지 파일을 다운로드 받으면, 알집 등의 압축 프로그램을 사용하여 압축을 풀어 줍니다. 'TD752SP04part01' 파일에서 마우스 오른쪽 버튼을 클릭하여 압축 풀기를 하면, 01~11 파일이 한 번에 풀립니다.

8 License.rar 안에 SYBASE_ASE_TestDrive.lic 파일이 있습니다. 이것을 server/TAR/x86_64 폴더에 복사합니다.

> 복사하지 않으면 SAP Server 구동 시 라이선스 문제가 발생할 수 있습니다.

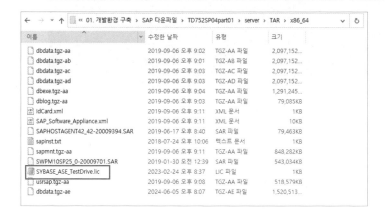

4 SAP 서버 설치

1 SAP VirtualBox를 실행하여 [장치]-[게스트 확장 CD 이미지 삽입…]을 선택한 후 "VBox_GAs_7.0.16" 팝업창에서 [Run] 버튼을 클릭합니다.

2 그리고 왼쪽 상단에 'Activities' 클릭 → "ter" 입력 → 'Terminal' 프로그램을 선택합니다.

3 openSUSE 리눅스에 SAP 서버를 설치해야 되는데, SAP Server 설치 파일(다운로드 받은 11개 파일)은 윈도우에 있습니다. 그래서 openSUSE 리눅스에서 윈도우의 파일에 접근하기 위한 작업을 해야 됩니다.

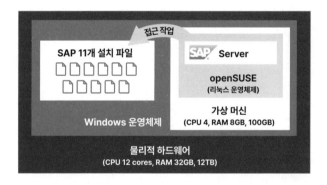

4 Terminal 프로그램에서 다음 명령어를 실행합니다.

```
cd /mnt
sudo zypper in uuidd
```

그런 다음 Terminal 화면에 'password for root:'가 나타나면 설정한 패스워드(abap2022!)를 입력하고 [Enter]를 누릅니다.

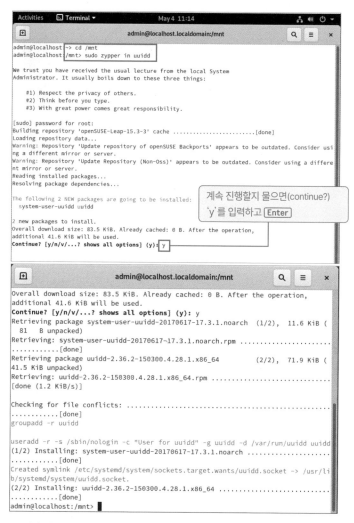

▲ 정상 설치된 모습

5 Terminal에서 "ip addr"을 실행하여 IP 주소를 확인합니다.
'10.0.2.15'로 나타납니다.

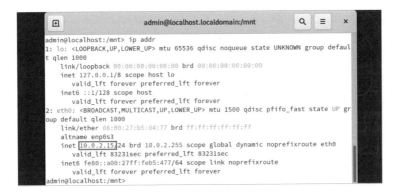

6 sudo nano /etc/hosts

위에서 확인한 IP 주소 "10.0.2.15 SAP752"을 입력한 후 [Ctrl]+[S](저
장), [Ctrl]+[X](종료) 합니다.

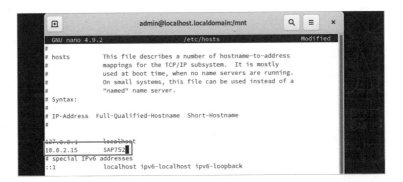

7 sudo nano /etc/hostname

"SAP752"을 입력한 후 [Ctrl]+[S](저장), [Ctrl]+[X](종료) 합니다.

8 [장치]-[공유 폴더]-[공유 폴더 설정]을 선택합니다.

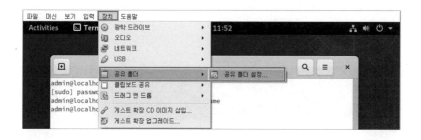

9 오른쪽 상단의 공유 추가 버튼(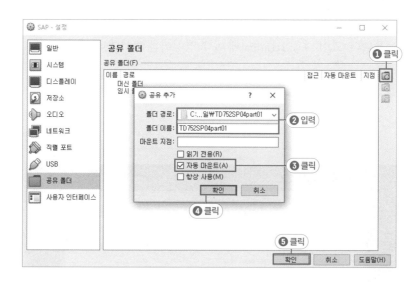)을 클릭하여, 폴더 경로와 이름을 입력하고, '자동마운트'를 체크 표시한 후 [확인] 버튼을 클릭하면 공유 폴더가 추가됩니다. 가상 머신의 openSUSE 리눅스에서 윈도우에 있는 SAP 폴더에 접근이 가능해졌습니다.

⑩ openSUSE에서 전원 버튼을 클릭하여 restart합니다. 재부팅 후 Activities를 클릭하여 Terminal을 실행하면 'admin@SAP572:~'로 변경된 것을 확인합니다.

⑪ 그리고 SAP 폴더로 이동하여 install.sh 파일을 실행합니다.

```
sudo -i
```

'password for root:'가 나타나면 패스워드(abap2022!)를 입력하고 [Enter]를 누릅니다. 그런 다음 Terminal에 아래 명령어를 순서대로 입력합니다.

```
cd /media
cd sf_TD752SP04part01
chmod +x install.sh
./install.sh
```

12 `Shift`+`;`을 누른 후 'q' 하여 라이선스 동의 문서를 빠져나갑니다.

13 라이선스 동의에 "yes"를 입력하면 설치됩니다. 처음 20분 가량 아래 화면에서 움직임이 없어도 당황하지 않고 기다리면 설치가 됩니다.

14 30분 가량 지나 'Installation of NPL successful'이 나타나고, 설치가 완료되었습니다.

15 [장치]-[네트워크]-[네트워크 설정]을 선택합니다.

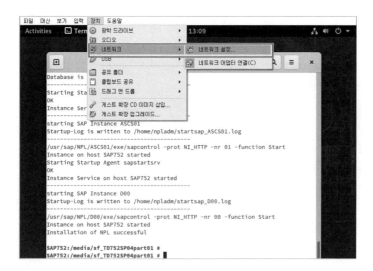

🔟 [어댑터 1] 탭에서 '고급(D)' 항목의 [포트 포워딩(P)] 버튼을 클릭합니다.

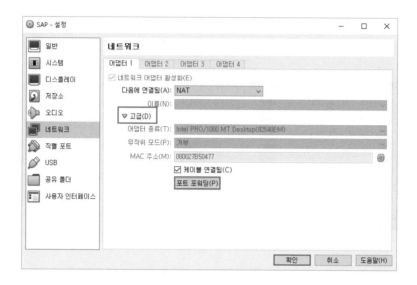

🔟 🔼 버튼을 클릭하여 "TCP", "127.0.0.1", "3200", "10.0.2.15", "3200", "TCP", "127.0.0.1", "3300", "10.0.2.15", "3300"을 입력합니다.

🔟 가상 머신(오라클 VM VirtualBox)에 운영체제(openSUSE 리눅스)를 설치했고, SAP 서버까지 설치하였습니다. 이제 가상 머신이 아닌 내 PC(윈도우 운영체제)에 SAP GUI를 설치합니다.

5 SAP GUI 설치

윈도우 운영체제에 SAP GUI를 설치하여, SAP Server에 접속할 것입니다. SAP GUI 설치는 윈도우에서 하는 것이라, 파일을 찾아 압축을 풀고, 프로그램 설치를 해봤으면 쉽게 따라 할 수 있습니다.

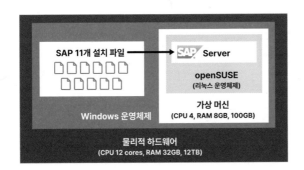

1 다운로드 받은 11개의 SAP 파일에 SAP GUI도 포함되어 있습니다. 압축 푼 [TD752SP04part01]-[client]-[SAPGUI4Windows] 폴더로 이동하여 '50144807_6.zip' 파일 압축을 풀어 줍니다.

2 압축을 풀면 [50144807_6] 폴더 아래에 [Win32] 폴더를 찾아 'SetupAll.exe' 파일을 실행시킵니다. [50144807_6]-[BD_NW_7.0_ Presentation_7.50_Comp._2_]-[PRES1]-[GUI]-[WINDOWS]-[Win32] 폴더에서 'SetupAll.exe' 실행 파일을 더블클릭합니다.

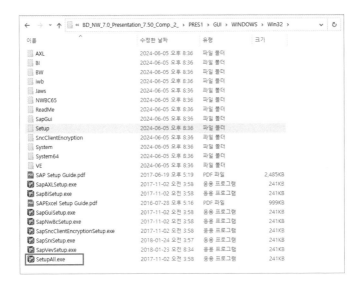

3 [Next] 버튼을 클릭하고 'Select all'을 클릭한 다음 [Next] 버튼을
몇 번 더 클릭하면 설치가 완료됩니다.

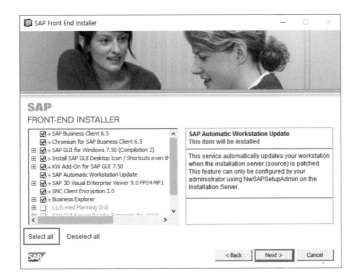

4 SAP Logon 아이콘이 생성되었고, 더블클릭하면 SAP Logon 750이 실행됩니다. '신규 항목(N)'을 클릭하여 서버 정보를 입력합니다. 그런 다음 '사용자 지정 시스템'을 클릭합니다. 마지막으로 [다음] 버튼을 클릭하면 시스템 연결 설정 화면이 나옵니다.

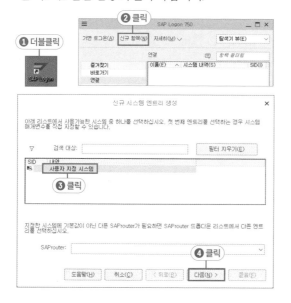

5 '시스템 연결 매개변수' 항목을 다음과 같이 설정합니다. '내역'은 시스템 설명이니 원하는 이름을 넣으면 됩니다.

어플리케이션 서버 : **127.0.0.1**
인스턴스 번호 : **00**
시스템 ID : **NPL** 로 등록합니다.

6 MY SAP를 더블클릭하여, ID : DEVELOPER, Password : Download 입력하면 접속됩니다. ID와 패스워드는 정해진 값이니 그대로 입력하세요.(대소문자 구분. Download의 1은 숫자) License 만기일(설치일로부터 3개월)이 나타납니다. 이제 실제 SAP 시스템에 접속되었습니다.

7 접속에 성공했으니 테스트 프로그램을 하나 작성해 보죠. 신규 프로그램을 개발하려면 Access Key를 발급받아야 합니다. 먼저 입력창에 "slicense"를 입력하고 Enter를 누르세요. 아래 화면이 나오면 Active Hardware Key를 확인합니다.

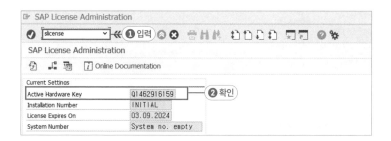

⑧ 방금 확인한 Key를 메모한 후 https://go.support.sap.com/minisap/ 사이트에 접속합니다. NPL - SAP NetWeaver 7.x(Sybase ASE)를 선택하여, 본인의 이름과 E-mail, 메모해 둔 Hardware Key를 입력하고 [Generate] 버튼을 클릭합니다. 그리고 Access Key를 NPL.txt 파일로 저장합니다.

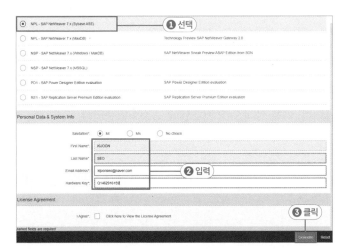

⑨ 다시 SAP GUI의 slicense 화면으로 돌아갑니다. [Install] 버튼을 클릭하여 'NPL.txt' 파일을 선택합니다. 그러면 라이선스가 인스톨됩니다.

🔟 첫 번째 ABAP 프로그램을 만들 준비가 되었습니다. ❶번 입력창
에 "/N SE38"을 입력합니다. 새로운 화면이 나타날 겁니다. 이 화면을
'ABAP Editor'라 하고 소스 코딩을 하는 곳입니다. ❷번 입력창은 새로
만들 프로그램 ID를 입력합니다. "ZSKJ001"을 입력하고 [Create] 버
튼을 클릭하면 신규 프로그램이 만들어집니다.

⓫ Title을 입력하고, Type을 'Executable program'으로 선택한 후 [Save]
버튼을 클릭합니다. 팝업창이 나타나면 [Local Object] 버튼을 클릭합니다.

> Local Object는 다른 시스템으로 이관하지 않고 현재 시스템에서만 사용가능하
> 여, CTS 번호를 생성하지 않아 간단하게 개발할 수 있습니다.

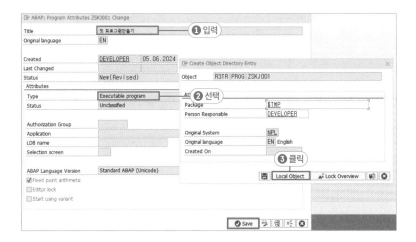

⓬ 드디어 SAP GUI에서 ABAP 개발을 시작할 수 있게 되었습니다.

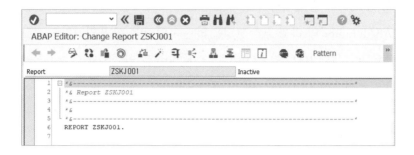

⓭ 코딩창에 커서를 두고, "WRITE : 'HELLO WORLD'."를 입력합니
다. Activate 아이콘(🖉)(단축키 **Ctrl**+**F3**)을 클릭합니다. Activate는 저
장과 활성화(컴파일)를 동시에 수행합니다.

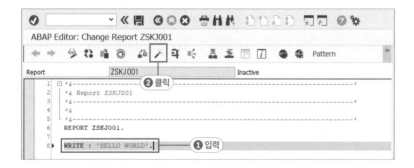

⓮ 팝업창이 뜨면 라인을 선택하고 초록색 체크(Continue) 버튼(✔)을
클릭하여 Activate 시켜 줍니다.

Object 1건만 Activate 하면, 팝업창 없이 진행됩니다.

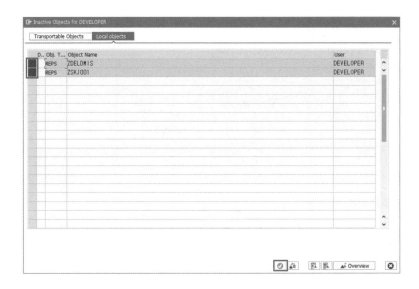

⓯ 에러가 없으면 'Object(s) activated' 되었다고 나타납니다. 이제 Execute(**F8**) 버튼(**⊒**)을 클릭하여 실행합니다.

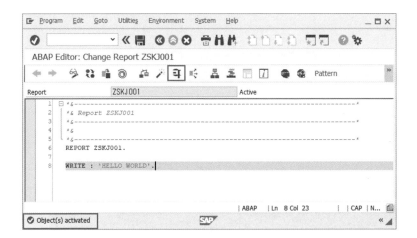

16 프로그램이 실행되어 'HELLO WORLD'가 나타납니다. 첫 번째 ABAP 프로그램을 잘 짜신 겁니다.

SAP 서버 재가동

며칠 후에 SAP GUI를 실행하면, SAP 서버에 접속되지 않습니다. 내 PC 가 종료되면 VirtualBox, openSUSE 리눅스, SAP Server도 종료되기 때문입니다. 종료된 SAP 서버를 재가동하여 접속하는 방법을 알아보겠습니다.

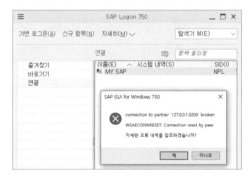

1 VirtualBox를 실행하여 openSUSE 리눅스를 시작합니다. 부팅 후 Activities 버튼을 클릭하고 Terminal 프로그램을 실행합니다.

2 아래 명령어를 차례로 입력합니다. 'Instance on host SAP752 started'라는 메시지와 함께 SAP 서버가 재가동됩니다.

```
sudo -i
```

'password for root:'가 나타나면 패스워드(abap2022!)를 입력하고 [Enter]를 누릅니다.

```
su npladm
startsap all
```

3 SAP GUI를 실행하고 MY SAP 서버를 선택한 후 ID(DEVELOPER), Password(Down1oad)를 입력하면 SAP Server에 정상적으로 접속됩니다.

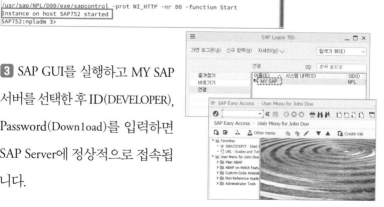

조금 더
알아보자

간단 버전 설치하기

ABAP 개발이 가능한 환경을 구축해보았습니다. 솔직히 그냥 따라하기도 쉽지 않고 복잡합니다. 그래서 좀 더 쉬운 방법을 찾아보았습니다. 어디에나 선구자가 있죠. 그들이 만들어 놓은 VirtualBox 파일을 구하면, 난이도가 높은 2~4단계를 쉽게 처리할 수 있습니다. VirtualBox를 설치하고 만들어 놓은 파일을 복사하면 openSUSE 리눅스와 SAP 서버가 설치 완료됩니다. 그리고 SAP GUI를 설치하고 SAP 서버를 재가동하면 SAP 개발이 가능합니다. 간단한 방법으로 만들어 보겠습니다.

단계	정상 설치	간단 설치
❶	가상 머신 S/W 설치(오라클 VM VirtualBox)	동일
❷	가상 머신에 운영체제 설치(openSUSE 리눅스)	
❸	SAP 소프트웨어 다운로드	VirtualBox 파일 복사
❹	SAP 서버 설치(가상 머신의 openSUSE 리눅스 운영체제)	
❺	SAP GUI 설치 (내 컴퓨터의 Windows 운영체제)	동일
	SAP 서버 재가동	동일

①가상 머신 S/W 설치

앞 장의 [가상 머신 S/W 설치]와 동일합니다. VirtualBox 홈페이지에 접속해서 다운로드 받아 설치합니다.

다운로드 링크 ↓ https://www.virtualbox.org/wiki/Downloads

②~④ VirtualBox 파일 복사

① 누군가 만들어 놓은 VirtualBox 파일이 있으면 쉽게 설치할 수 있습니다. 다른 사람으로부터 VirtualBox 파일을 받았다면, PC에 복사합니다. 파일이 커서 압축 파일로 받고, 압축을 해제한 모습입니다.

② VirtualBox를 실행하고 추가(A) 버튼(➕)을 클릭하여 파란색 SAP(VirtualBox Machine Definition) 파일을 선택합니다. openSUSE 리눅스와 SAP Server가 설치된 파일이라, 2~4단계가 끝났습니다.

③ 앞에서 (**2** 가상 머신에 운영체제 설치 ~ **4** SAP 서버 설치, 135쪽~157쪽) 만든 VirtualBox 파일을 네이버MyBox에 공유하였습니다. 아래 링크로 접속하셔서 'SAP.vol1.egg~SAP.vol9.egg' 파일을 다운로드 받고, 압축을 해제한 후 VirtualBox에 추가하시면 됩니다.

다운로드 링크 ⬇ http://naver.me/G5JTcVi7

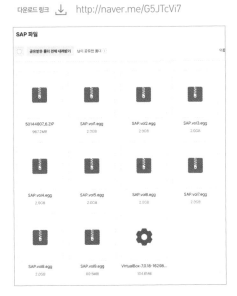

④ 그리고 시작(T) 버튼(➡)을 클릭하면 SAP 서버가 설치된 openSUSE 리눅스가 실행됩니다. 간혹 시작 버튼을 클릭하면 오류가 발생하는데, 파일 복사하기 전 openSUSE 리눅스를 정상종료 후 복사하면 오류 없이 진행됩니다.

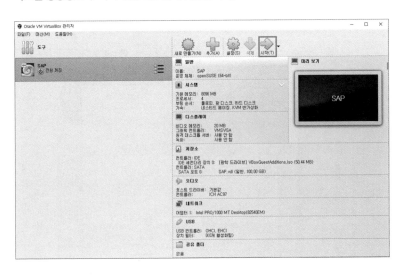

SAP 서버 재가동

Terminal을 실행하여 아래와 같이 명령어를 입력하면 SAP 서버가 재가동됩니다.

```
sudo -i
```

'password for root:'가 나타나면 패스워드(abap2022!)를 입력하고 Enter 를 누릅니다.

```
su npladm
startsap all
```

5 SAP GUI 설치

마지막으로 앞장의 [5. SAP GUI 설치]를 참고하여 50144807_6.zip 파일 압축을 해제하고 SetupAll.exe 실행 파일을 클릭하여 SAP GUI를 설치합니다. ID(DEVELOPER)와 Password(Download)를 입력하고 SAP에 접속합니다.

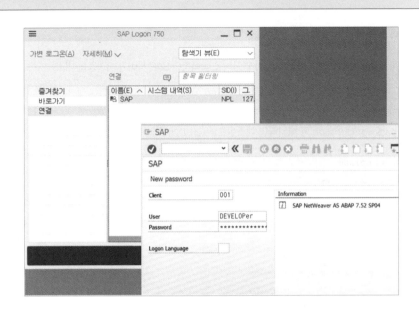

① 입력창에 "slicense"를 입력하여 라이선스를 확인합니다. License key도 install 되어 있어, 바로 사용하면 됩니다.

② 입력창에 "/n SE38"을 입력하고, ABAP EDITOR를 실행하여 개발을 시작합니다.

이제 아밥퍼(ABAPer, ABAP개발자를 지칭하는 업계용어)로 첫발을 내디
딘 겁니다. 시작이 반이니 반 삽질 기술자가 된 겁니다. 하지만 명심하
십시오. 제가 인터넷에서 이것저것 자료를 찾다 보니 멋진 티셔츠가 있
더군요. 티셔츠에는 이렇게 쓰어 있습니다.

"ABAP 개발자가 되는 것은 쉽다. 그건 마
치 자전거를 타는 것과 같다. 근데 그 자전
거가 불 위에 있다. 너도 불 위에 있다. 모든
것이 불 위에 있다. 지옥이다."

이제 진짜 삽질을 해보겠습니다. 그런데 아직 돈을 받을 수 있는 삽
질은 아닙니다. 그냥 준비운동 정도이고, 진짜 돈을 벌 수 있는 삽질은
다음 책에서나 설명드릴 수 있을 것 같습니다.

07

일단 접속하기

설치 과정을 건너뛰고 오신 분들이 계시죠? 이미 SAP 솔루션을 사용할 수 있는 환경에 있으신 행운아들이시죠. BC 컨설턴트나 시스템을 지원하시는 분들이 서버Server 쪽은 다 알아서 해주신다고 해도 개인이 설정해야 하는 부분이 있습니다. 우리는 거기서 시작하겠습니다. 앞에서 SAP의 기본 구조는 3계층으로 이뤄진다고 했습니다.

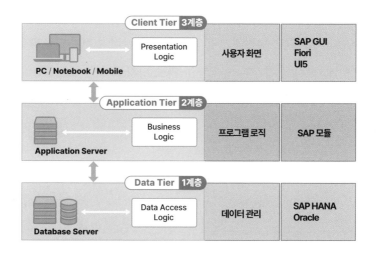

3계층은 각각 역할이 다릅니다. 아래에서부터 데이터를 관리하는 계층, 프로그램을 짜서 프로세스 로직을 심는 계층, 사용자 화면을 보여주는 계층으로 구성됩니다. 1계층과 2계층은 서버Server에 설치되고, 3

계층은 개인의 컴퓨터에 설치됩니다. 그래서 일반적으로 1계층과 2계
층은 BCBasis 컨설턴트라는 전문가가 회사에 있는 서버나 클라우드에
설치하고 3계층만 개인이 자신의 컴퓨터에 설치하는 형태입니다. 3계
층에 해당하는 것이 SAP GUI입니다. GUI(Graphical User Interface, 사용
자 환경)라는 개념이 지금은 일반화되었지만 제가 처음 SAP를 접할 때
만 하더라도 생소한 개념이었습니다. 그래서 SAP GUI를 '쌥구이'라고
불렀습니다. 처음에 저는 진짜 무슨 구이인 줄 알았습니다. SAP GUI
를 다시 정의하면 SAP를 편리하게 사용하기 위해 설치하는 실행 프로
그램으로 이해하시면 됩니다. SAP를 사용하는 회사에 다니시거나 교
육을 받고 계시다면 담당자가 파일의 위치를 알려 주거나 다운받을 수
있는 URL을 주실 겁니다. 안 주시더라도 당황하지 마세요. SAP 공식
웹 사이트를 통해 다운로드 받을 수 있습니다. 다운을 받으시면 Setup
파일을 실행하시면 됩니다.

삽질의 시작은 뭐라고 배웠나?

뭘 굽는지 모르지만
구이라고 하셨습니다.

▲ 'SapGuiSetup' 실행 파일을 더블클릭하고, 계속 [Next] 버튼을 클릭하면 됩니다.

SAP 서버 정보 입력하기

SAP GUI를 잘 설치하셨나요? 우리가 컴퓨터나 스마트폰에서 사용하는 일반적인 프로그램들은 여기까지만 잘하면 실행이 됩니다. 하지만 삽질은 만만하지 않습니다. 내 컴퓨터에 깔린 SAP GUI와 서버를 연결하는 세팅을 해야 합니다. 세팅을 위한 값들을 SAP 서버 정보라고 합니다. 내 컴퓨터에 깔린 SAP GUI를 통해 연결할 서버들의 접속 정보라 이해하시면 됩니다. 이해가 안되시면 그냥 따라 하시면 됩니다.

잘 들어라, 딱! 한 번만 말한다.
우리 운영 서버 정보는
100.10.100.10에 00에 ABC이고,
100번 클라이언트이다.

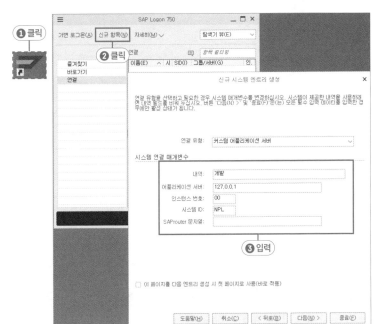

먼저 ❶ 바탕 화면의 SAP Logon 아이콘을 더블클릭합니다. 접속 화면이 뜨면 ❷ '신규 항목(N)' 버튼을 클릭합니다. 그러면 그림처럼 ❸ 입력할 수 있는 창이 뜹니다. 내역부터 시스템 ID까지 차례로 입력하시면 되는데 내역을 제외한 나머지 항목은 BC 컨설턴트가 주는 정보를 입력하시면 됩니다.

구분	설명	입력 예시
내역	서버를 기억하는 나만의 별명, 입력하지 않으면 시스템 ID와 어플리케이션 서버로 자동 구성되며 변경할 수 있음	○○사 테스트 서버
어플리케이션 서버	접속 서버의 IP 주소	100.10.100.10
인스턴스 번호	구분 번호	00
시스템 ID	서버 ID (영문/숫자 조합 3자리)	ABC

순조롭게 입력이 잘 되었다면 창의 왼쪽에 새로운 접속 정보가 나타납니다. 내 컴퓨터에서 접속할 수 있는 SAP 서버가 하나 만들어진 겁니다.

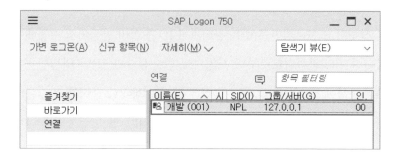

하나를 만들었다는 것은 여러 개도 만들 수 있다는 의미겠지요. 한 회사에서 딱 하나의 SAP 서버를 가지고 있는 것은 아닙니다. 목적에 따라 여러 서버를 운영할 수 있습니다. 가장 일반적인 형태는 운영/테스트/개발로 3개의 서버를 가져가는 것입니다. 진짜 운영되는 서버와 프로그램을 개발하고 테스트하는 개발 서버, 테스트 서버를 함께 운영하는 형태입니다. ABAP 개발자나 SAP 컨설턴트의 경우 프로젝트를 수행하는 회사가 여러 개일 수 있습니다. 그럴 경우는 고객사가 접속을 허락해 여러 회사의 서버를 하나의 컴퓨터에서 접속할 수도 있습니다. 신규 등록한 서버 정보를 확인하고 더블클릭하면 신규 로그인 창이 뜨면서 접속됩니다. 드디어 첫 삽질을 했습니다.

ID와 비밀번호 입력하고 접속하기

바로 접속되어 내부를 보여줬으면 좋으련만 사용자 ID와 비밀번호 넣는 것도 평범하지 않습니다. 보통 웹이나 앱은 사용자가 스스로 ID를 신청하고 만들지만, SAP는 관리자가 ID를 미리 만들어서 제공해야 합니다. BC 컨설턴트로부터 신청하고 받으신 SAP ID와 비밀번호를 ❷번 항목에 넣으시면 됩니다. 그런데 분명히 제대로 입력한 것 같은데 접속이 되지 않고 에러가 나는 경우가 있습니다. ❶번 항목인 클라이언트Client 번호를 잘못 넣으신 겁니다. 클라이언트는 마치 개인 컴퓨터

의 저장 장치를 필요에 따라 C와 D 드라이브로 나누는 것처럼 하나의
SAP 서버를 가상으로 분리한 것으로 이해하시면 됩니다.

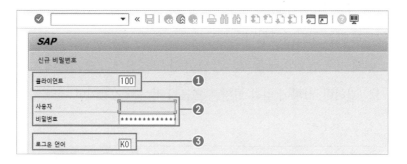

　마지막으로 하나 더 입력해야 할 것이 있습니다. ❸번 항목 로그온
언어입니다. SAP는 대부분의 글로벌 기업이 사용하는 시스템입니다.
글로벌 기업의 특징이 뭔가요? 전 세계에 사업장과 직원이 있다는 겁
니다. 그래서 접속 언어를 다양하게 선택할 수 있습니다. 우리는 대한
민국 코드인 "KO"을 입력하고 Enter 를 누르거나 실행(✅) 버튼을 클
릭하겠습니다. 그러면 다음과 같은 팝업 화면이 나올 겁니다. 놀라지
마시고 관리자가 준 초기 비밀번호를 대신할 새로운 비밀번호를 입력
하시면 됩니다.

요즘은 보안이 강화되어 비밀번호 구성을 10자리 이상, 특수문자 포
함, 대문자 포함 등과 같이 어렵게 설정을 해야 하는 경우가 많으므로
자주 사용하는 비밀번호가 아니라면 별도로 기록해 비밀번호를 잊지
않도록 하는 것이 중요합니다.

이제 겨우 접속이 됐습니다. 뭘 많이 한 것 같은데 그냥 접속에 성공
하신 겁니다. 상황에 따라 화면은 조금씩 차이는 있겠지만 대략 이런
모습일 겁니다.

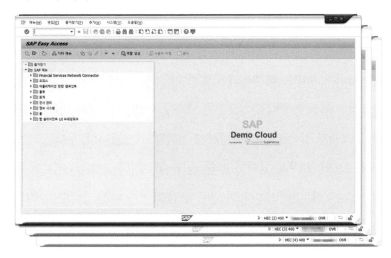

자, 이제 삽을 가지고 좀 놀아보죠.

새 창 열기와 닫기

SAP GUI 윈도우 창을 세션Session이라고 부릅니다. 인터넷 브라우저 창을 여러 탭으로 실행 가능한 것처럼 SAP GUI 세션도 여러 개를 실행하여 동시에 여러 개의 작업을 처리할 수 있습니다. 몇 개의 창까지 띄울 수 있는지는 BC 컨설턴트의 서버 설정에 따라 다릅니다. 10개 내외로 주로 설정해두곤 합니다.

새 창을 띄우는 방법은 네 가지입니다.

❶ [메뉴]에서 [신규 GUI 윈도우] 선택

❷ GUI 윈도우 생성 버튼(🖿) 선택

❸ 메뉴에서 [시스템]-[신규 GUI 윈도우] 선택

❹ T-Code 창에 "/o" 또는 "/o와 T-Code" 입력

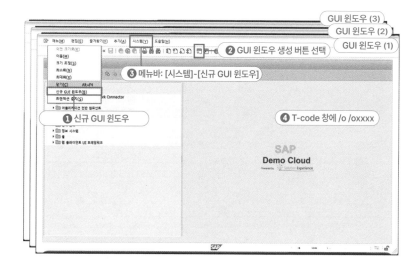

모르는 용어들이 많으시죠. 바로 다음 섹션에서 설명할 테니 여기서
는 일단 따라 해 보세요. 새로운 창이 4개 열리면 성공하신 겁니다.

이제 창을 닫아 보겠습니다. 닫는 방법도 여러 가지가 있어요. 여러
개 창을 열어 둔 상태에서 바로 로그오프를 할 수도 있고, 하나씩 닫다
가 마지막 남은 창을 닫을 때 로그오프 할 수도 있습니다.

❶ 메뉴에서 [닫기] 선택

❷ GUI 윈도우 맨 오른쪽 위 버튼(▣) 선택

❸ 메뉴에서 [시스템]-[로그오프] 선택(바로 로그오프하는 방법)

❹ T-Code 창에 "/ex" 또는 "/nex" 입력

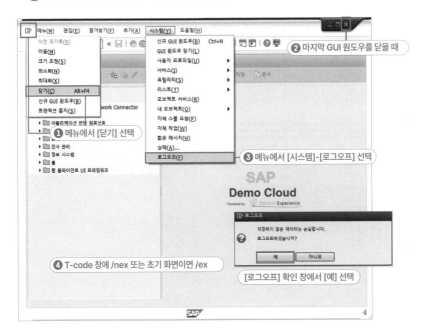

조금 더
알아보자

비밀번호 기록하기와 복수 로그인

　　　　　고객사에 SAP 시스템을 처음 오픈하면 가장 많이 들어 오는 서비스 요청이 무엇일까요? '비밀번호 초기화'입니다. 회사마다 보안 정책상 최소 몇 자리 이상, 특수문자 포함 등의 조건을 세팅하는데요. 그러다 보니 평소에 사용하지 않던 비밀번호를 설정하게 됩니다. 거기다 보안이 강한 회사는 어렵게 설정한 비밀번호조차 한 달에 한 번씩 바꾸라고 해요. 그래서 더 잊어버리죠. 이런 어려움이 있으신 분들은 꿀팁이 있습니다. SAP Logon 창에 저장해 두면 복사/붙여넣기로 편리하게 사용할 수 있습니다. SAP Logon 창 맨 오른쪽 끝 "주석 필드 표시/숨기기" 아이콘(▨)을 클릭하면 아래 메모할 수 있는 아래 창이 표시됩니다. 이곳에 설정해둔 비밀번호를 등록해서 사용할 수 있습니다.

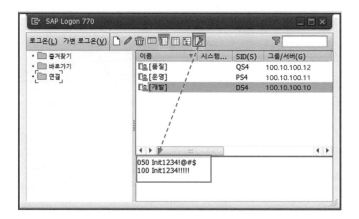

　관리자 설정에 따라 보통 10개 정도 화면을 동시에 열 수 있지만, 그
것만으로 성에 차지 않는 분들이 계십니다. 그럴 때 복수 로그인을 하
시면 됩니다. 최초 로그인해서 SAP를 사용하다가 모든 창을 끄거나 로
그오프를 하지 않고, 다시 SAP Logon 창을 켜고 로그인하는 것을 복수
로그인이라 합니다. 복수 로그인할 경우에는 세 가지 중 하나의 옵션으
로 로그인 방식을 선택할 수 있습니다.

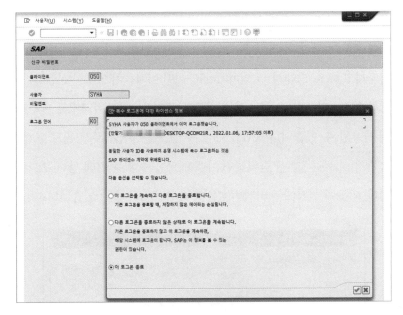

▲ 복수 로그온 시 나타나는 옵션의 세 가지 중 하나를 선택합니다.

옵션	설명
이 로그온을 계속하고 다른 로그온을 종료할 때, 저장하지 않은 데이터는 손실됩니다.	기존 로그인 창을 모두 종료하면서 현재 창으로 새롭게 로그인하는 방식 예 다른 PC에서 작업하다가 다른 PC로 가서 동일한 ID로 작업하고자 할 때, 이전 PC를 강제 로그오프함
다른 로그온을 종료하지 않은 상태로 이 로그온을 계속합니다. 기존 로그온을 종료하지 않고 이 로그온을 계속하면, 해당 시스템에 로그온이 됩니다. SAP는 이 정보를 볼 수 있는 권한이 있습니다.	기존 로그인 창을 유지한 채 현재 창도 로그인하는 방식으로 주로 이 옵션을 선택함
이 로그온 종료	현재 로그인을 취소

삽질을 안전하게 하려면
알아두어야 할 것들

SAP GUI에 들어가고 나가는 것은 이제 익숙해지셨죠. 조금 더 삽을 휘둘러 보겠습니다.

화면 테마와 색상 바꾸기

혹시 지금까지 자신의 SAP GUI 화면과 책의 화면이 달라서 당황하고 계신 분이 있으신가요? 그렇다면 지금부터 잘 따라오세요.

SAP GUI는 사용자의 취향에 따라 테마를 변경하여 사용할 수 있습니다. 휴대폰의 화면 테마를 변경하여 사용하는 것과 동일합니다. 테마마다 같은 화면이더라도 버튼의 위치, 글자의 크기 등이 다르게 설정되므로 여러 개의 테마를 확인해 보고 보기 편한 테마를 선택하면 됩니다. 참고해야 할 사용자 매뉴얼이 있는 상황이라면, 해당 매뉴얼 자료의 테마와 동일하게 설정하여야 매뉴얼과 화면이 달라 혼란스러운 일이 벌어지지 않습니다. 테마는 SAP Logon 화면의 옵션을 선택한 후, 비주얼 디자인의 테마 설정에서 변경할 수 있습니다.

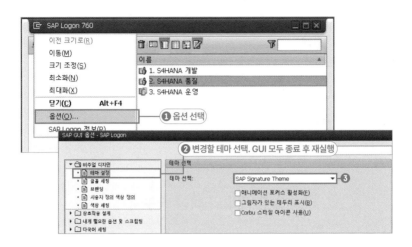

최초 설치 시에는 웹페이지 형식의 최신 테마인 Belize 테마로 설치
가 됩니다. ❷번을 클릭하면 오른쪽 화면이 나옵니다. ❸번 드롭다운
리스트를 클릭합니다. SAP Signature, Blue, Crystal, Corbu 테마 등이
나옵니다. 그중 하나를 선택합니다. 가장 보편적으로 사용하는 테마는
SAP Signature이고 이 책에서는 SAP Signature와 Belize 테마를 이용했
습니다.

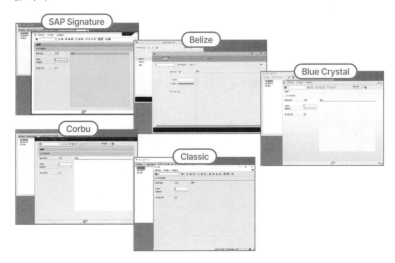

화면의 색상도 다르게 설정할 수 있습니다. 굳이 왜 그래야 하냐고
요? 중요한 이유가 있습니다.

앞서 BC 컨설턴트의 설정에 따라 보통 10개까지 하나의 서버에서
여러 세션(새 창)을 열 수 있다고 했죠. 그냥 SAP를 사용하는 일반 사용
자라면 운영 서버에서 주로 일을 하기 때문에 큰 문제가 없습니다. 문
제는 프로그램을 수정하는 삽질 기술자들이지요. 화면이 비슷비슷하
다 보니 개발 서버나 테스트 서버에서 해야 할 테스트를 운영 서버에
실수로 입력할 수 있습니다. 이때 유용한 기능이 클라이언트별로 색
상을 다르게 설정하는 기능입니다. 색상은 SAP Logon 화면의 옵션을
선택한 후, 비주얼 디자인의 색상 설정에서 변경할 수 있습니다. SAP
Logon에서 색상을 변경하면 전체 서버에 모두 동일하게 적용됩니다.

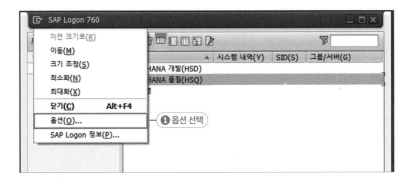

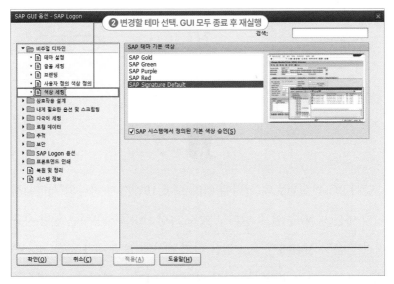

창을 실행한 뒤, 옵션을 선택하여 색상을 변경하면 특정 서버와 클라이언트 환경에만 적용할 수 있습니다. 운영 서버는 인식이 잘되는 빨간색으로 설정하여 데이터 입력이나 프로그램 실행 시 실수하지 않도록 해두는 것이 좋습니다.

사용자 프로파일 설정하기

SAP GUI 창에서 사용자별로 환경 설정을 할 수 있는 메뉴가 사용자
프로파일 설정입니다.

메뉴에서 [시스템]-[사용자 프로파일]-[사용자 데이터]를 선택하
면 사용자마다 설정하는 항목들을 확인할 수 있습니다.

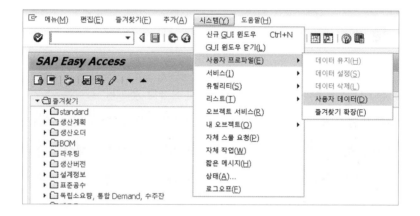

설정 가능한 주요 항목은 아래 다섯 가지 입니다.

❶ **시작 메뉴**: 초기 화면에 사용될 시작 메뉴 기본 설정

❷ **로그온 언어**: 로그온 시 적용할 기본 언어

❸ **십진수 표기법**: 화면의 숫자 형식 지정

❹ **날짜 형식**: 화면의 일자 형식 지정

❺ **시간 형식**: 자주 사용하는 변수 값을 매개변수 기본값으로 지정

SAP가 독일 회사이다 보니 설치 시에 사용자 프로파일을 별도로 설정하지 않으면 십진수는 1.234.567,89로, 날짜형식은 DD/MM/YYYY와 같이 익숙하지 않은 형태로 서양식 표기법으로 세팅이 되어 있습니다. 우리에게 익숙한 1,234,567.89 형태와 YYYY.MM.DD로 변경하고 시스템을 시작하세요.

▲ 사용자 프로파일 세팅에 따른 화면 비교

SAP를 사용하면서 매번 모든 창에서 같은 값을 똑같이 입력해야 한다면 너무 짜증이 나겠죠. 예를 들어 담당하는 A회사의 시스템 코드가 1000이라고 할 때, 매 창마다 1000을 하루에도 몇 백 번은 입력하는 경

우가 있을 겁니다. 이럴 때 사용하는 기능이 매개변수입니다. 매개변수
는 자주 사용하는 값에 대해 사용자별로 기본값 세팅을 할 수 있는 기
능입니다. 예를 들어 회사코드는 "BUK"라는 ID를 사용하므로 이 ID
에 원하는 값인 "1000"을 사용자 프로파일 매개변수에 등록해 두면 회
사코드가 존재하는 화면에서 기본으로 1000인 값이 입력되어 다시 입
력하지 않아 편리합니다. 자주 사용하여 설정하고 싶은 항목이 있다면
해당 필드에 커서를 둔 후 F1 을 눌러 기술 팝업에서 매개변수 ID를 확
인해야 합니다. 해당 매개변수 ID를 사용자 프로파일에 값과 함께 저
장해 주고 다시 실행하게 되면 앞으로는 그 기본값이 보여집니다.

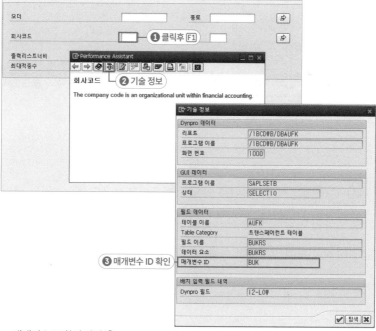

▲ 매개변수 ID 확인 방법 ①

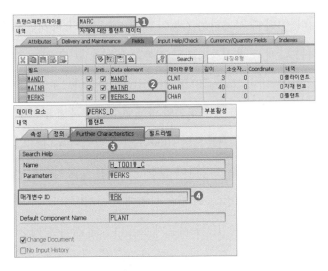

▲ 매개변수 ID 확인 방법 ②

▲ 매개변수 ID 세팅 및 프로그램 실행 화면

SAP GUI에는 매개변수 ID 외에도 사용자별로 설정할 수 있는 환경 설정 항목이 다양하게 있습니다. 더 많은 환경 설정 항목들은 인터페이스 설명을 진행하면서 설명하겠습니다.

SAP GUI 화면 구성

　삽질 기술자로 일하다 보면 사용자가 긴급하게 전화를 해서 문제를 해결해 달라고 할 때가 있습니다. 말로 하는 설명을 듣다 보면 답답해서 당장 그 사람 자리로 뛰어가고 싶어질 때가 간혹 있죠. 전화한 사람이 화면에서 어디를 얘기하는지 못 알아들어서 그렇습니다. 특히 SAP GUI는 우리가 일반적으로 사용하는 웹 화면 형식과 조금 달라서 더 그렇습니다. 그래서 화면의 각 영역을 지칭하는 용어를 서로 알고 있으면 소통이 아주 쉬워집니다.

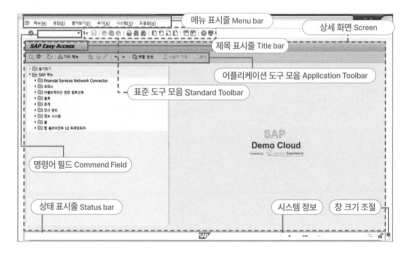

SAP GUI는 메인 화면의 상하단에 메뉴 표시줄, 표준 도구 모음, 제목 표시줄, 어플리케이션 도구 모음, 상태 표시줄이 있습니다. 메뉴 표시줄, 표준 도구 모음, 상태 표시줄은 SAP GUI 창의 기본 기능이고, 제목 표시줄과 어플리케이션 도구 모음은 프로그램마다 변경되는 상세 정보입니다. SAP GUI를 잘 사용하기 위해서는 화면을 구성하는 영역별 주요 기능을 알아야 합니다. 하나씩 설명해 보겠습니다.

메뉴 표시줄

메뉴 표시줄Menu bar은 폴다운 메뉴 방식으로 ▶는 다음 메뉴가 있다는 의미입니다. 앞에서 봤던 사용자 프로파일 설정을 메뉴 표시줄에서 선택해 보겠습니다.

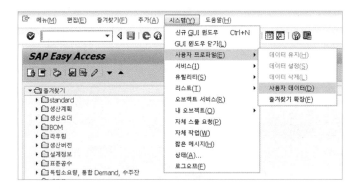

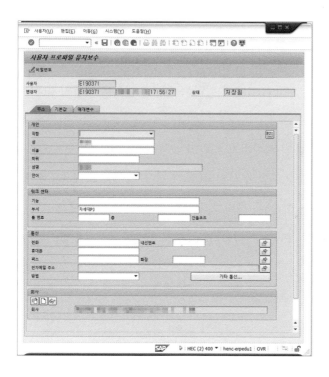

다음은 표준 도구 모음Standard toolbar입니다. 그 부분을 확대해서 보겠습니다.

표준 도구 모음 라인에는 SAP GUI 사용 시 가장 많이 사용하게 되는 아이콘들이 모여 있습니다. 각 아이콘들의 기능을 살펴보겠습니다.

> ## 명령어 필드

인터넷 브라우저 창에서 원하는 웹페이지의 URL을 주소창에 입력하여 이동하듯이 SAP GUI에서 원하는 프로그램으로 이동하기 위해서는 명령어 필드Command Field에 T-CodeTransaction Code라는 것을 입력하면 됩니다. 보통 영문과 숫자 조합의 4자리(추가 개발한 프로그램은 자릿수가 다를 수 있습니다)로 구성됩니다. 그 값을 입력한 후 [Enter]를 누르거나 실행 아이콘(◎)을 클릭합니다. 예를 들어 전표 입력 프로그램으로 이동하려면 "FB60"이라는 T-Code를 명령어 필드에 입력한 뒤 [Enter]를 누르면 해당 프로그램이 실행됩니다(독학용 서버로 ABAP 개발 환경만 구성된 분들은 되지 않습니다.).

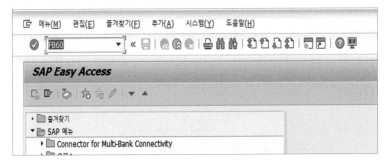

▲ 명령어 필드에 T-Code 입력하기

가끔 명령어 필드가 사라졌다고 달려오시는 분이 계십니다. 별일 아닙니다. 자기도 모르게 명령어 필드를 접으신 겁니다.

명령어 필드가 사라졌어요!!

명령어 필드가 사라졌을 경우, 펼치기 아이콘(≫)을 클릭하면 다시 필드가 보이고, 접기 아이콘(≪)을 클릭하면 보이지 않습니다.

명령어 필드를 잘 사용하시면 자신이 원하는 화면으로 빠르게 이동하실 수 있고, 세션(새 창)을 빠르게 늘리거나 줄일 수도 있습니다. 말로 설명하기 어려우니 당장 해보겠습니다. 초기 화면에서 명령어 필드에 "FB60"을 입력합니다. 전표 입력 화면으로 이동할 겁니다. 그 화면에서 명령어 표시줄에 다시 "MM03"을 입력하고 Enter 를 눌러 보세요. 에러가 날 겁니다. 초기 화면에서는 어떤 T-Code를 입력하더라도 해당 화면으로 바로 이동하지만 일단 특정 화면으로 이동한 상태에서는 추가로 신호를 더 줘야 합니다. 명령어 옵션인 '/n'과 '/o'입니다.

바로 써보겠습니다. 명령어 필드에 "/n"을 입력하고 Enter 를 눌러 봅니다. 초기 화면으로 바뀔 겁니다. 에러도 안 났습니다. 이번에는 "/o"을 입력해 봅니다. 뭔가 변화가 있었죠. 모르시겠나요? 화면의 숫자를 세어보세요. 아마 열린 창의 개수가 1개 늘었을 겁니다. 새 창을 하나 더 연 거지요. 이 차이는 '/n'과 '/o' 뒤에 T-Code를 더 입력했을 때 확실히 알 수 있습니다. 명령어 필드 창에 "/n cs03"을 입력하고 Enter

를 누릅니다. 변화가 생겼죠?

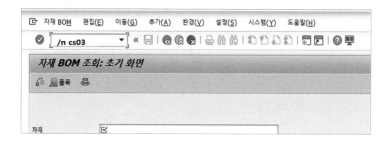

원래 있던 화면이 다른 화면으로 바뀌었을 겁니다. 전표 입력 프로그램에서 자재 BOM 조회 화면으로 바뀐 겁니다. 이번에는 명령어 표시줄에 "/OFB60"을 입력하고 [Enter]를 누릅니다.

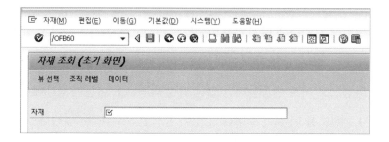

다시 전표 입력 화면으로 이동했습니다. 그런데 이전과는 조금 다를 겁니다. 원래 화면은 그대로 있고, 하나의 창을 더 열어서 전표 입력 화면을 열었습니다. 감이 오시나요? 원래 화면을 엎어 치는 방식이 '/n'이고, 새 창을 켜서 이동하는 방식이 '/o'입니다. '/n'은 renew를 의미하고, '/o'는 open을 의미한다고 기억하시면 혼동하지 않습니다. '/n'

과 '/o'를 명령어 필드 옵션이라고 합니다. 자세한 설명은 명령어 필드에 커서를 두고 F1을 누르면 도움말 팝업이 나옵니다. 아주 자세한 설명을 제공합니다. 물론 영어입니다.

친절해 보이지만 무슨 말인지는 잘 모르시겠죠?

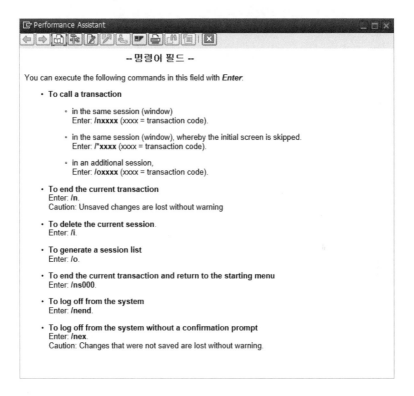

우리말로 정리해 봤습니다.

옵션	설명
/n	현재 세션(화면)에서 초기 화면으로 돌아가고자 할 때 사용합니다.
/o	세션(화면) 리스트를 보여 주고 새로운 세션을 열 때 사용합니다.
/nXXXX	• 동일한 세션(화면)에서 다른 트랜잭션 화면을 호출할 때 사용합니다. • 원래 있던 화면을 덮어쓰면서 새로운 화면을 엽니다. • XXXX는 T-Code를 의미합니다.
/oXXXX	• 새로운 세션(화면)을 띄우면서 해당 트랜잭션 화면을 호출합니다. • 원래 세션(화면)과 새로 생기는 세션(화면)이 모두 살아있습니다.
/i	현재 세션(화면)을 삭제하고 싶을 때 사용합니다.
/nend	시스템을 로그오프 하겠다는 메시지를 표시하고 저장되지 않은 데이터는 손실된다는 정보를 준 후, 해당 로그온에 해당하는 모든 세션을 로그오프합니다.
/nex	확인 메시지 없이 해당 로그온에 해당하는 모든 세션을 로그오프합니다.

실습을 하면서도 여러 형태로 입력을 했습니다. 명령어 옵션 뒤에 바로 T-Code를 붙여서 입력하기도 하고, 한 칸 띄고 입력하기도 했습니다. 또 대소문자도 섞어 가면서 입력했습니다. 그런데 별문제가 없었죠? 맞습니다. 명령어 필드는 그런 것을 구분하지 않습니다.

명령어 필드는 칸 띄우기, 대소문자에 상관없이 작동합니다!

`/nFS00`, `/n fs00`, `/oFS00`, `/o fs00`을 입력해서 결과를 확인해 보세요.

이번에는 명령어 필드 바로 옆에 위치한 표준 도구 모음을 살펴보겠습니다.

표준 도구 모음

표준 도구 모음Standard toolbar에서 가장 많이 사용하는 아이콘 4개가 바로 보일 겁니다. '저장', '뒤로 가기', '나가기', '취소' 아이콘입니다. '저장' 아이콘은 너무 잘 아실 것이고, 나머지 3개 아이콘은 기능이 조금씩 다르기 때문에 차이점을 알고 사용해야 합니다.

아이콘	아이콘명	설명
💾	저장	데이터를 저장합니다.
⦿	뒤로 가기	바로 이전 화면으로 돌아가야 할 때 사용합니다.
⦿	나가기	현재 수행 중인 트랜잭션을 종료하여 나갈 때 사용합니다.
⦿	취소	현재 화면의 작업을 취소할 때 사용합니다.

프린터 아이콘 옆으로 보이는 2개의 망원경 아이콘은 각각 '탐색'과 '연속 탐색' 아이콘입니다. 화면에서 특정 값을 찾고 싶을 때 사용하는 '찾기' 아이콘입니다. '탐색' 아이콘은 1개의 값만 찾고 멈춥니다. 반면 '연속 탐색' 아이콘은 첫 번째 값을 찾은 후 이어서 다음 값으로 이동하며 찾기를 계속할 수 있습니다.

아이콘	아이콘명	설명
	탐색	원하는 값을 찾을 수 있습니다.
	연속 탐색	첫 번째 찾은 값에서 연속으로 다음 값으로 이동할 수 있습니다.

　그 옆으로 페이지 이동 아이콘 4개가 보입니다. 조회 결과 화면 내용이 스크롤이 생길 정도로 많은 경우, 페이지 이동을 통해 원하는 곳으로 이동할 수 있습니다.

아이콘	아이콘명	설명
	맨 위로	맨 위로 이동합니다.
	위로	바로 위로 이동합니다.
	아래로	바로 아래로 이동합니다.
	맨 아래로	맨 아래로 이동합니다.

　어쩌면 제일 중요한 아이콘입니다. 단축키 F1과 같은 기능을 수행합니다. 아래 아이콘을 클릭하면 관련된 도움말을 조회할 수 있습니다.

아이콘	아이콘명	설명
	도움말	Help 기능을 제공합니다.

마지막으로 환경 설정 아이콘이 남았습니다. SAP GUI 세팅을 환경 설정 아이콘을 통해 추가로 할 수 있습니다. 대표적으로 할 수 있는 세팅은 [옵션]과 [빠른 잘라내기/붙여넣기]입니다.

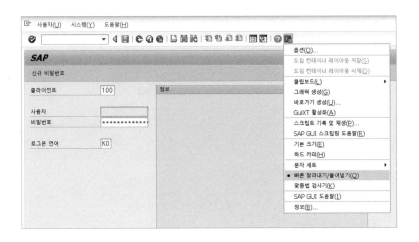

아이콘	아이콘명	항목	설명
🖥️	환경 설정	옵션	SAP Logon 창의 옵션 세팅과 동일한 창으로 테마, 글꼴, 색상 등을 설정할 수 있습니다.
		빠른 잘라내기/ 붙여넣기 (추천)	설정하면 앞에 '●'이 표시되며, 텍스트를 마우스로 드래그하면 값이 복사되고 오른쪽 마우스를 클릭하면 현재 필드에 붙여넣기 되는 단축키가 설정됩니다. 단축키 Ctrl + C , Ctrl + V 를 사용하지 않아도 되기 때문에 업무 시간이 많이 단축되므로 SAP GUI에서 유용한 기능입니다.

단축키는없나요?

SAP GUI의 수많은 버튼들은 각각의 단축키가 설정되어 있습니다. 버튼 위에 마우스를 올리면 단축키가 보여지는데요. 사용자가 자주 사용하는 버튼이 있다면 단축키를 기억해서 키보드로 조작하는 것이 업무를 효율적으로 빠르게 수행하게 해 주는 팁입니다. 추가로 여러 단축키를 등록하여 사용할 수 있는 마우스를 사용한다면 마우스에 단축키를 등록해서 사용하기도 합니다.

여러 단축키 중 주로 사용하는 기능은 다음과 같습니다.

단축키	설명
F1	도움말
F3	뒤로 가기
F4	선택 가능 리스트(Possible Entries = Search Help)
F8	조회 실행

상태 표시줄

 화면의 상단은 다 봤습니다. 아래를 볼 차례입니다. 창의 맨 아래 있는 영역을 상태 표시줄Status Toolbar이라 하고, 크게 두 가지 정보를 제공합니다. 시스템 메시지와 접속 정보입니다.

시스템 메시지   접속 정보

시스템 메시지부터 볼까요? SAP에서 업무를 진행할 때, "저장되었습니다."와 같은 성공 메시지가 확인되어야 방금 처리한 업무가 잘 되었는지 알 수 있고 반대로 문제가 발생했을 때 어떤 것이 잘못되었는지 오류 메시지를 확인해야 대처를 할 수 있습니다. 이런 시스템 메시지를 표시하는 영역이 작업 표시줄의 왼쪽입니다.

시스템 메시지의 종류는 정상, 경고, 오류, 정보의 네 가지입니다.

화면 표시	구분	설명
	정상 (Success)	성공적으로 수행되었다는 메시지입니다.
	경고 (Warning)	발생 가능한 오류에 대해 경고하는 것으로 메시지를 무시하고 진행할지 확인해야 합니다.
	오류 (Error)	잘못된 입력에 대한 오류 메시지로 오류가 정정될 때까지 계속하여 진행할 수 없습니다.
	정보 (Information)	단순 정보성으로 표기하는 메시지로 별도의 어떤 조치도 필요하지 않습니다.

오류 메시지의 경우에는 작업 표시줄의 간단한 메시지만으로 어떤
것을 수정해야 하는지 알지 못할 때가 많습니다. 자세한 내용을 알고
싶을 때는 메시지를 더블클릭하면 상세 메시지 내역이 팝업으로 표시
됩니다.

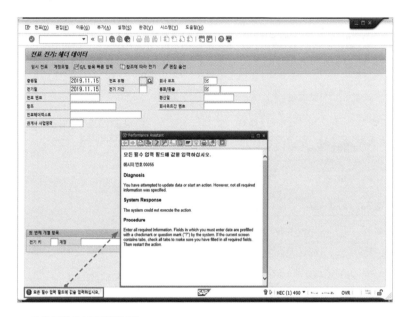

▲ 상세 오류 메시지 확인하기

이번에는 오른쪽을 볼까요? 오른쪽에 보면 아주 작은 검은색 역삼
각형이 보일 겁니다. 그걸 클릭하세요. 그러면 다음과 같이 상세한 접
속 정보를 알 수 있습니다.

　현재 접속한 서버 내역, 클라이언트, 사용자, 프로그램, T-Code, 응답 시간 등을 확인할 수 있습니다. 이 영역은 생각보다 많이 확인하게 됩니다. 여러 개의 서버를 넘나들며 일을 해야 하는 삽질 기술자는 시스템과 클라이언트 정보를 종종 확인해야 하고, 사용자들은 여러 프로그램을 동시에 사용하므로 현재 접속한 프로그램의 T-Code를 자주 확인합니다.

오류가 발생했는데 도대체 어떻게 해야 할지 모르겠어요!

사용자가 문제가 발생한 곳을 정확하게 지칭하지 못하고 횡설수설할 때 접속 정보를 안내하고 소통을 하면 문제를 빠르고 정확하게 알아낼 수 있습니다. 상태 표시줄에서 서버 정보와 시스템 정보, 접속 T-Code를 캡처해서 보내달라고 하세요.

상세 화면

SAP 화면의 상단과 하단 탐험을 다했습니다. 진짜 알맹이를 알아볼
차례입니다. 화면의 중간 부분을 '상세 화면 Screen'이라고 부릅니다.
앞으로 간단히 '상세 화면'이라고 칭하겠습니다.

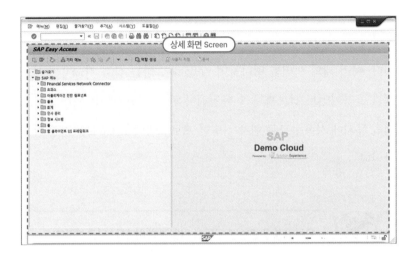

상세 화면은 처음 SAP GUI 윈도우 창이 켜질 때 나타나는 SAP 초기
화면과 특정 T-Code로 접속하여 사용하는 프로그램 화면이 있습니다.
사용자 인터페이스 장에서는 첫 화면인 초기 화면의 기능에 대해서 설
명하고, 자세한 프로그램 사용 방법은 뒤에서 설명하겠습니다. 초기 화
면에서는 자주 사용하는 프로그램들을 즐겨찾기 할 수 있고 프로그램
들을 업무나 목적에 따라 모아 놓은 메뉴를 확인할 수 있습니다. 오른
쪽 빈 화면에는 각 회사마다 해당 시스템을 대표하는 이미지를 만들어
설정해 두기도 합니다.

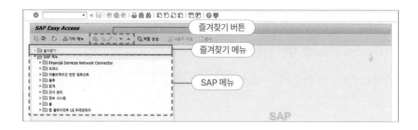

익숙한 '즐겨찾기'부터 시작해 볼까요? SAP에서 즐겨찾기를 추가하는 방법은 세 가지가 있습니다. 직접 즐겨찾기 폴더에 마우스 오른쪽 버튼을 클릭해서 추가해도 되고, 즐겨찾기 버튼을 선택하여 추가할 수도 있습니다. 메뉴에 구성된 T-Code를 마우스 오른쪽 버튼을 클릭하여 즐겨찾기에 추가하면 메뉴의 경로까지 표시할 수도 있습니다. 게다가 구성된 즐겨찾기는 사용자만의 폴더로 정리할 수 있습니다. 신규 폴더를 생성한 후 Tree 구조로 구성할 수도 있고, 이미 추가한 T-Code를 드래그하여 해당 폴더에 가져다 놓을 수도 있습니다. 기본으로 제공되는 T-Code 중에 자주 접속해야 하는 화면이 있다면 즐겨찾기 기능을 사용해 보세요.

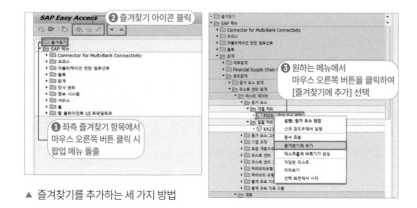

▲ 즐겨찾기를 추가하는 세 가지 방법

오른쪽과 유사하게 자신만의 폴더를 구성하고 즐겨찾기를 만들어 보세요. 그렇게 어렵지는 않습니다.

▲ 나만의 즐겨찾기 구성 예시

즐겨찾기 아래에는 진짜 SAP 메뉴가 있습니다. 그중에 하나를 선택해서 열어보겠습니다. 저는 회계를 열고, 그 아래 재무회계, 총 계정원장, 전표분개를 쭉 선택해 보겠습니다. 이 메뉴의 구성은 사용하시는 SAP의 버전에 따라 조금씩 다를 수 있습니다.

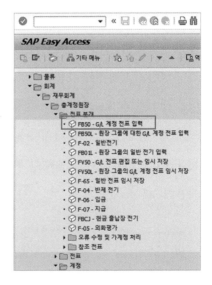

그런데 메뉴 트리의 구성 외에 크게 다른 점이 눈에 띄지 않으세요? 제가 보여드린 메뉴에는 메뉴명 앞에 T-Code가 보입니다. 아마 여러분은 안 보이실 거예요. 기본적으로 메뉴는 메뉴명으로만 표시(예: "G/

L 계정 전표 입력")되지만, 사용자
설정에 따라 T-Code까지 포함
하여 표시(예: "FB50 - G/L 계정 전
표 입력")할 수 있습니다. 메뉴에
서 [추가]-[설정]([Shift]+[F9])
에서 기술적 이름 표시를 선택

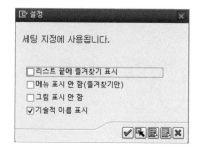

해 두면 SAP 메뉴가 T-Code까지 포함되어 조회됩니다.

　메뉴 구조가 복잡하여 원하는 T-Code의 위치를 찾기 어렵다면 조회
기능을 사용하시면 됩니다. 앞에서 '탐색'과 '연속 탐색' 아이콘의 차
이는 배우셨죠? '탐색' 아이콘을 누르면 팝업 화면이 나타납니다. 여
기서 기술적 이름은 'T-Code'이고, 텍스트는 '메뉴명'입니다. 둘 다
선택하시고 T-Code를 기억하시면 T-Code를 넣으시고, 모르시면 비
슷한 메뉴명이나 키워드를 넣으셔서 조회하시면 됩니다.

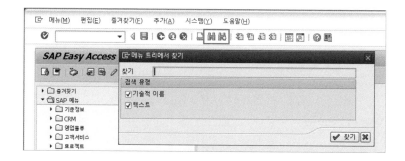

　기본적인 환경은 다 구성했습니다. 이젠 삽을 조금 더 깊게 땅에 밀
어 넣겠습니다.

09

삽질하면 가장 많이 보게
되는 화면, ALV

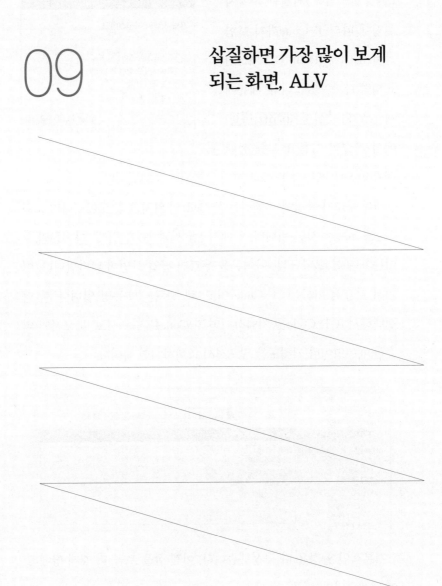

이 책에서 마지막으로 다룰 것은 ALVABAP List Viewer
의 약자라 불리는 것입니다. 본격적인 삽질을 하시게 되면 가장 많이 보
게 되고, 가장 많이 설계하게 되고, 가장 많이 개발하게 될 유형입니다.
앞에서 설치했던 교육용 서버에서 실습할 수 있는 것이 제한적이라
SAP가 기본 예제로 제공하는 프로그램을 실행해 실습해 보도록 하겠
습니다. 지금부터는 이유는 묻지 마시고 그냥 따라오세요.

직접 환경을 구성하지 않으신 분들은 로그인을 따라 하지 않으셔도
됩니다. 로그인부터 합니다. 설치한 VirtualBox & openSUSE & SAP
Server를 작동시킵니다. 그리고 SAP GUI를 실행하여, 사용자 ID와 비
밀번호Password를 입력하고 로그인합니다.

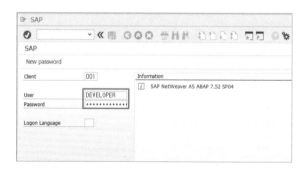

접속이 되셨다면 명령어 필드에 "SE38"을 입력하고 Enter를 누르
세요.

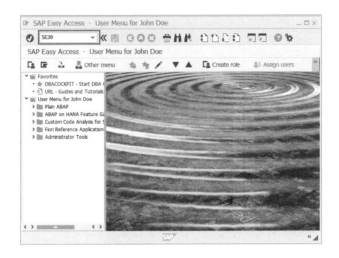

다음과 같은 화면이 나올 겁니다. ❶번 필드에 "BCALV_TEST_
FULLSCREEN_FIELDS"를 그대로 입력하세요. 그리고 ❷번의 '실행'
아이콘(⊕)을 클릭합니다.

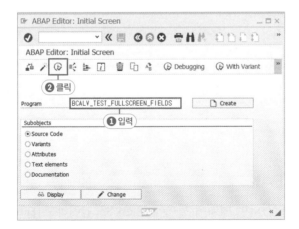

여기까지 문제없이 따라 하셨다면 다음과 같은 결과 화면이 나올 겁니다. 표시된 '실행' 아이콘(⊕)을 다시 클릭하세요.

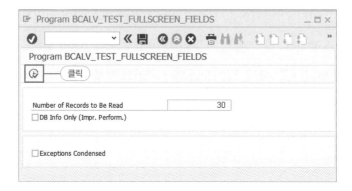

그러면 다음과 같은 ALV 리스트가 나타납니다. 만약 데이터가 보이지 않는다면, ABAP 편집기(T-CODE: SE38)에서 "BCALV_ GENERATE _ ALV_T_T2"를 입력하고 실행(F8)하면 데이터가 생성됩니다.

　첫인상이 어떠신가요? 약간 엑셀 화면 같으시죠? 기능도 유사한 점이 많습니다. 먼저 각 영역의 명칭부터 알아보겠습니다. 제일 상단에 'Test Fullscreen Fields'라 쓰여 있는 곳이 해당 ALV 프로그램의 제목을 표시하는 곳입니다. 그래서 '타이틀바Title bar'라고 부릅니다. 그 아래로 여러 기능 아이콘들이 있습니다. 이 영역을 'ALV 툴바Tool bar'라고 부릅니다. 그 아래로 엑셀처럼 데이터가 나옵니다. 가로의 필드를 엑셀처럼 '열'이라 하고, 각각의 열 하나하나를 '필드'라고 합니다. 세로는 '행'이라 하고, '라인'이라고 부릅니다. 마지막으로 데이터 하나하나가 표시되는 곳을 엑셀과 동일하게 '셀'이라고 부릅니다. 이제 ALV의 기능을 하나하나 알아보겠습니다. ALV의 주요한 기능들은 툴바에 있습니다.

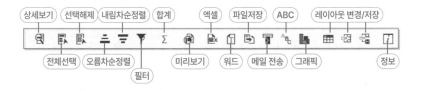

　툴바에 있는 각 아이콘의 기능은 표시된 바와 같습니다. 엑셀을 자주 사용하시는 분들은 설명 없이도 대략 기능을 눈치채셨을 겁니다.

상세 보기와 전체/행/열 선택 및 선택 해제

제일 앞에 있는 돋보기 모양의 아이콘은 '상세 보기' 아이콘(◉)입니다. 먼저 ❶번처럼 상세 정보를 볼 라인을 선택합니다. 선택하면 그림처럼 진한 색깔로 해당 행이 표시됩니다. 그 상태에서 ❷번 '상세 보기' 아이콘을 클릭합니다. 선택된 필드의 모든 데이터를 팝업 형태로 보여 줍니다. 단, 비어 있는 열은 제외하고 값이 있는 항목만 보여 줍니다.

두 번째(모두 선택) 아이콘(◙)과 세 번째(모두 선택 해제) 아이콘(◙)은 리스트의 행을 모두 선택하거나, 모두 선택 해제하는 기능을 가지고 있습니다. '모두 선택' 아이콘을 누르면 전체 라인(행)이 일괄 선택됩니다. 반대로 '선택 해제' 아이콘을 선택하면 선택되었던 라인이 한꺼번에 해제됩니다.

Excep.	ID	No.	Departure date	Airline	Airline Carrier	Airfare
OOO	AA	17	27.11.2000	Air Canada	AIR CANADA	2.536,30
OOO	AA	17	11.12.2000	American Airlines	AMERICAN AIRLINES	1.191,11
OOO	AA	17	14.08.2001	Air Berlin	AIR BERLIN	4.541,23
OOO	AA	26	06.04.2001	Air Berlin	AIR BERLIN	4.934,32
OOO	AA	26	22.12.2001	American Airlines	AMERICAN AIRLINES	6.140,25
●OO	AB	17	02.04.2001	Air Canada	AIR CANADA	577,78
●OO	AB	17	16.04.2001	American Airlines	AMERICAN AIRLINES	9.506,17
●OO	AB	17	18.12.2001	Air Berlin	AIR BERLIN	7.861,73
●OO	AB	26	07.12.2000	American Airlines	AMERICAN AIRLINES	2.111,60
●OO	AB	26	10.08.2001	Air Berlin	AIR BERLIN	8.408,89
O▲O	AC	17	03.12.2000	Air Berlin	AIR BERLIN	9.687,90

행과 열이 만나는 곳에 있는 '모두 선택' 아이콘(🔳)을 누르면 행과
열 모두가 선택됩니다. 이런 기능은 언제 사용할까요? 엑셀로 작업할
때를 생각해 보세요. 한꺼번에 데이터를 삭제하거나 추가하고 싶으실
때가 있으시죠. 그때 사용합니다. 그러면 추가로 필요한 기능이 있으시
죠? 맞아요. 선택된 라인만 삭제하고 싶을 때가 있습니다. 그럴 때는
[Ctrl]을 사용합니다.

Excep.	ID	No.	Departure date	Airline	Airline Carrier	Airfare
OOO	AA	17	27.11.2000	Air Canada	AIR CANADA	2.536,30
OOO	AA	17	11.12.2000	American Airlines	AMERICAN AIRLINES	1.191,11
OOO	AA	17	14.08.2001	Air Berlin	AIR BERLIN	4.541,23
OOO	AA	26	06.04.2001	Air Berlin	AIR BERLIN	4.934,32
OOO	AA	26	22.12.2001	American Airlines	AMERICAN AIRLINES	6.140,25
●OO	AB	17	02.04.2001	Air Canada	AIR CANADA	577,78
●OO	AB	17	16.04.2001	American Airlines	AMERICAN AIRLINES	9.506,17
●OO	AB	17	18.12.2001	Air Berlin	AIR BERLIN	7.861,73
●OO	AB	26	07.12.2000	American Airlines	AMERICAN AIRLINES	2.111,60
●OO	AB	26	10.08.2001	Air Berlin	AIR BERLIN	8.408,89
O▲O	AC	17	03.12.2000	Air Berlin	AIR BERLIN	9.687,90
O▲O	AC	17	20.08.2001	American Airlines	AMERICAN AIRLINES	8.080,00
O▲O	AC	26	12.04.2001	American Airlines	AMERICAN AIRLINES	5.872,59

[Ctrl]을 누른 채 마우스로 원하는 행을 선택하면 그림처럼 원하는
라인만 선택됩니다. 라인만 가능할까요? 필드도 가능합니다. 마찬가

지로 **Ctrl** 을 누른 채 필드를 선택하면 됩니다.

엑셀과 유사하게 **Shift** 도 사용할 수 있습니다. 결과도 비슷합니다. 사이의 행과 열이 모두 선택됩니다.

ALV에서 특정 부분만 선택하고 싶을 때

SAP 화면에서 일을 하다 보면 아래 그림과 같이 특정한 부분만 복사해서 엑셀에 옮겨 작업하고 싶을 때가 많습니다. 그런데 엑셀에서처럼 그냥 드래그를 하면 선택이 되지 않습니다. 이때 **Ctrl** + **Y** 를 누른 뒤 화살표 방향으로 마우스를 클릭하여 이동하면 특정 부분만 선택할 수 있습니다.

Excep...	ID	No.	Departure date	Airline	Airline Carrier	Airfare
○○○	AA	17	27.11.2000	Air Canada	AIR CANADA	2.536,30
○○○	AA	17	11.12.2000	American Airlines	AMERICAN AIRLINES	1.191,11
○○○	AA	17	14.08.2001	Air Berlin	AIR BERLIN	4.541,23
○○○	AA	26	06.04.2001	Air Berlin	AIR BERLIN	4.934,32
○○○	AA	26	22.12.2001	American Airlines	AMERICAN AIRLINES	6.140,25
●○○	AB	17	02.04.2001	Air Canada	AIR CANADA	577,78
●○○	AB	17	16.04.2001	American Airlines	AMERICAN AIRLINES	9.506,17
●○○	AB	17	18.12.2001	Air Berlin	AIR BERLIN	7.861,73
●○○	AB	26	07.12.2000	American Airlines	AMERICAN AIRLINES	2.111,60
●○○	AB	26	10.08.2001	Air Berlin	AIR BERLIN	8.408,89
○▲○	AC	17	03.12.2000	Air Berlin	AIR BERLIN	9.687,90
○▲○	AC	17	20.08.2001	American Airlines	AMERICAN AIRLINES	8.080,00
○▲○	AC	26	12.04.2001	American Airlines	AMERICAN AIRLINES	5.872,59
○▲○	AC	26	14.12.2001	Air Berlin	AIR BERLIN	257,78

열 너비 조정 및 이동

조심스럽게 열과 열 사이에 마우스를 가져가 보세요. 그러면 마우스 모양이 ✛로 변경됩니다. 그 상태에서 클릭해 좌, 우로 이동하면 열의 너비가 조정됩니다.

🔲	Excep…	ID	No.	Departure date	Airline	✛Airline Carrier	Airfare
	○○○	AA	17	27.11.2000	Air Canada	AIR CANADA	2.536,30
	○○○	AA	17	11.12.2000	American Airlines	AMERICAN AIRLINES	1.191,11
	○○○	AA	17	14.08.2001	Air Berlin	AIR BERLIN	4.541,23
	○○○	AA	26	06.04.2001	Air Berlin	AIR BERLIN	4.934,32
	○○○	AA	26	22.12.2001	American Airlines	AMERICAN AIRLINES	6.140,25
	●○○	AB	17	02.04.2001	Air Canada	AIR CANADA	577,78
	●○○	AB	17	16.04.2001	American Airlines	AMERICAN AIRLINES	9.506,17

이렇게 일일이 열 너비를 조절하면 너무 성가시죠. 열 너비를 최적화해 주는 기능이 있습니다. 전체 선택을 하고 마우스 오른쪽 버튼을 클릭하면 컨텍스트 메뉴Context Menu라 부르는 그림과 같은 박스가 나타납니다. 여러 선택사항 중에서 [Optimize Width(너비 최적화)]를 선택하면, 모든 필드의 크기가 최적화됩니다.

224

엑셀로 데이터 가공 작업을 하다 보면 필드의 위치를 바꿔야 할 때가 있습니다. 엑셀에서는 해당 열을 복사해 원하는 곳에 잘라넣기를 하죠. ALV에서는 바로 원하는 곳으로 옮길 수 있습니다. 먼저 열을 선택합니다. 그리고 다시 한번 클릭하여 이동하면 열이 이동합니다.

Excep_	ID	No.	Departure date	Airline	Drag & Drop	Airfare
OOO	AA	17	27.11.2000	Air Cana	AIR CANADA	2.536,30
OOO	AA	17	11.12.2000	Ame ① 열 선택	AMERICAN A	② 다시 한번 클릭 후 이동
OOO	AA	17	14.08.2001	Air Berl	AIR BERLIN	
OOO	AA	26	06.04.2001	Air Berlin	AIR BERLIN	4.934,32
OOO	AA	26	22.12.2001	American Airlines	AMERICAN AIRLINES	6.140,25
●OO	AB	17	02.04.2001	Air Canada	AIR CANADA	577,78
●OO	AB	17	16.04.2001	American Airlines	AMERICAN AIRLINES	9.506,17
●OO	AB	17	18.12.2001	Air Berlin	AIR BERLIN	7.861,73
●OO	AB	26	07.12.2000	American Airlines	AMERICAN AIRLINES	2.111,60
●OO	AB	26	10.08.2001	Air Berlin	AIR BERLIN	8.408,89
O▲O	AC	17	03.12.2000	Air Berlin	AIR BERLIN	9.687,90
O▲O	AC	17	20.08.2001	American Airlines	AMERICAN AIRLINES	8.080,00
O▲O	AC	26	12.04.2001	American Airlines	AMERICAN AIRLINES	5.872,59
O▲O	AC	26	14.12.2001	Air Berlin	AIR BERLIN	257,78
OO■	AF	17	08.04.2001	Air Berlin	AIR BERLIN	2.243,95

▲ 열 이동 전

Excep_	ID	No.	Departure date	Airline Carrier	Airline	Airfare
OOO	AA	17	27.11.2000	AIR CANADA	Air Canada	2.536,30
OOO	AA	17	11.12.2000	AMERICAN AIRLINES	American Airlines	1.191,11
OOO	AA	17	14.08.2001	AIR BERLIN	Air Berlin	4.541,23
OOO	AA	26	06.04.2001	AIR BERLIN	Air Berlin	4.934,32
OOO	AA	26	22.12.2001	AMERICAN AIRLINES	American Airlines	6.140,25
●OO	AB	17	02.04.2001	AIR CANADA	Air Canada	577,78
●OO	AB	17	16.04.2001	AMERICAN AIRLINES	American Airlines	9.506,17
●OO	AB	17	18.12.2001	AIR BERLIN	Air Berlin	7.861,73
●OO	AB	26	07.12.2000	AMERICAN AIRLINES	American Airlines	2.111,60
●OO	AB	26	10.08.2001	AIR BERLIN	Air Berlin	8.408,89
O▲O	AC	17	03.12.2000	AIR BERLIN	Air Berlin	9.687,90
O▲O	AC	17	20.08.2001	AMERICAN AIRLINES	American Airlines	8.080,00
O▲O	AC	26	12.04.2001	AMERICAN AIRLINES	American Airlines	5.872,59
O▲O	AC	26	14.12.2001	AIR BERLIN	Air Berlin	257,78
OO■	AF	17	08.04.2001	AIR BERLIN	Air Berlin	2.243,95
OO■	AF	17	24.12.2001	AMERICAN AIRLINES	American Airlines	98,77

▲ 열 이동 후

열 숨기기/표시와 열 고정/해제

숨기고 싶은 열도 있습니다. 엑셀의 숨기기 기능과 동일합니다. 숨기고 싶은 열을 선택하고 마우스 오른쪽 버튼을 클릭하면 컨텍스트 메뉴가 또 나타납니다. 그중에서 [Hide(숨기기)]를 선택하면, 해당 열은 화면에서 보이지 않습니다. 다시 화면에 보여주려면 [Show(표시)]를 선택합니다. 추가로 나타난 레이아웃 조정 화면에서 필드를 선택하고 화살표로 이동시켜도 동일한 결과를 얻을 수 있습니다.

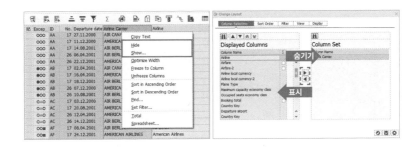

엑셀의 열 고정 기능과 똑같습니다. 고정할 열을 선택한 후 마우스 오른쪽 버튼을 클릭하여 [Freeze to Column(열 고정)]을 선택하면 해당 필드를 고정시켜 줍니다. 좌우 스크롤을 이동하여도 고정된 열은 움직이지 않습니다. [Unfreeze Columns(열 고정 해제)]를 선택하면, 고정시켰던 열이 해제됩니다.

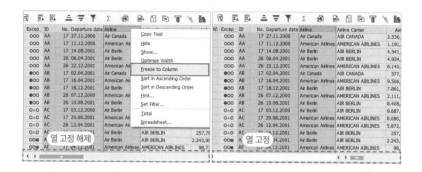

정렬과 필터

열을 선택하고 오름차순 또는 내림차순 아이콘을 클릭하면, 해당 열
기준으로 정렬하는 기능입니다. 정렬된 필드 중 값이 동일하면 아래 오
른쪽 그림과 같이 병합되어 보여집니다.

▲ 정렬 전/후

227

여러 열을 복합적으로 정렬하고자 하면 아무런 열도 선택하지 않은 상태에서, 두 아이콘 중 하나를 클릭하면 다음 그림과 같이 정렬 대화 상자가 나타납니다. ❶번처럼 정렬하고 싶은 필드를 선택하고 ❷번 화 살표를 눌러 정렬할 대상Sort criteria이 있는 왼쪽 박스로 보냅니다. 그림 에서는 3개의 필드를 보냈습니다. 3개의 필드에 대해 ❸번처럼 각각 오 름차순/내림차순을 선택하면 위에서 아래로 보여지는 순서대로 정렬 됩니다.

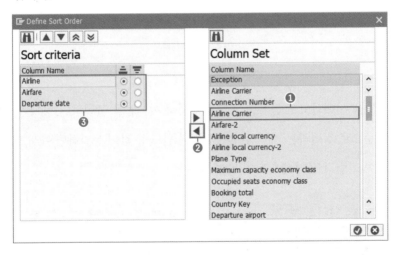

필터는 리스트 중, 원하는 조건의 데이터만 필터링하여 보여 줍니다. 컬럼을 선택하고 아이콘을 클릭하면 필터 대화상자가 나타나고 대화 상자에 걸러 낼 값과 선택 옵션을 입력하고 실행합니다.

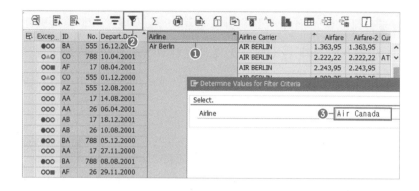

총합계와 부분합계

선택한 컬럼에 대한 합계를 보여 줍니다. 이 기능은 금액, 수량 등 숫자 컬럼만 적용 가능합니다. 합계를 내기 원하는 필드를 선택한 후 '합계' 아이콘(∑)을 클릭합니다. 가장 하단에 노란색으로 합계가 표시됩니다.

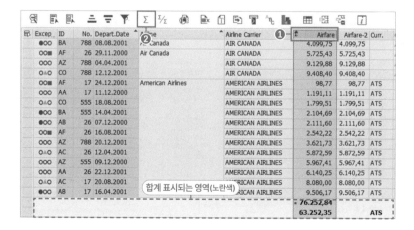

총합계를 구한 다음 특정 컬럼이 정렬되어 있으면, '소계'를 선택할
수 있습니다. '소계'를 선택하면, 정렬 컬럼 옆에 소계 체크박스가 생깁
니다. 체크박스를 선택하면 정렬된 동일한 값을 기준으로 부분합계를
보여 줍니다.

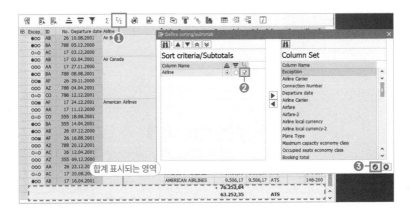

통화, 수량 단위가 다를 경우에는 합계 내에서 별도로 표시됩니다.
정렬 후에 보여지므로 동일한 값이 셀 병합되어 보여집니다. 부분합계
데이터는 선택 펼치기/접기를 할 수 있습니다.

			Departure	Airline		Air Berlin				ATS
O△O	AC	26	14.12.2001	Air Berlin		AIR BERLIN	257,78	257,78		ATS
●○○	BA	555	16.12.2000			AIR BERLIN	1.363,95	1.363,95		ATS
O△O	CO	788	10.04.2001			AIR BERLIN	2.222,22	2.222,22	ATS	
OO■	AF	17	08.04.2001			AIR BERLIN	2.243,95	2.243,95		ATS
O△O	CO	555	01.12.2000			AIR BERLIN	4.292,35	4.292,35		ATS
OOO	AZ	555	12.08.2001			AIR BERLIN	4.297,28	4.297,28		ATS
OOO	AA	17	14.08.2001			AIR BERLIN	4.541,23	4.541,23		ATS
OOO	AA	26	06.04.2001			AIR BERLIN	4.934,32	4.934,32		ATS
●○○	AB	17	18.12.2001			AIR BERLIN	7.861,73	7.861,73		ATS
●○○	AB	26	10.08.2001			AIR BERLIN	8.408,89	8.408,89		ATS
●○○	BA	788	05.12.2000			AIR BERLIN	8.880,00	8.880,00	ATS	
O△O	AC	17	03.12.2000			AIR BERLIN	9.687,90	9.687,90		ATS
				Air Berlin		▪ 47.889,38				
						11.102,22		ATS		
선택 펼치기				Air Canada		▪ 28.363,46			선택 접기	
						3.114,08		ATS		
				American Airlines		▪ 49.036,05		ATS		
						▪ ▪ 76.252,...				
						63.252,35		ATS		

인쇄 미리 보기

부분합이 적용된 상태에서 '인쇄' 아이콘(🖨)을 클릭하면 화면에 보이는 그대로 인쇄가 되지 않습니다. SAP에서는 보이는 화면과 실제로 출력되는 형식이 다를 수 있습니다. 그때 '인쇄 미리 보기' 아이콘(🖨)을 클릭하면 실제로 출력되는 형태를 미리 볼 수 있습니다.

Test Fullscreen Fields

△	ID	No.	Date	Airline	Airline Carrier	Airfare	Price-2	Curr.	Curr.	Pl.typ
						11.102,22		ATS		
●○○	AB	17	02.04.2001	Air Canada	AIR CANADA	577,78	577,78	ATS		146-30
●○○	AA	17	27.11.2000	Air Canada	AIR CANADA	2.536,30	2.536,30	ATS		146-30
●○○	BA	788	08.08.2001	Air Canada	AIR CANADA	4.099,75	4.099,75		ATS	146-20
○○■	AF	26	29.11.2000	Air Canada	AIR CANADA	5.725,43	5.725,43		ATS	146-20
○○○	AZ	788	04.04.2001	Air Canada	AIR CANADA	9.129,88	9.129,88		ATS	146-20
○△○	C0	788	12.12.2001	Air Canada	AIR CANADA	9.408,40	9.408,40		ATS	146-20
				Air Canada		28.363,46				
						3.114,08		ATS		
○○■	AF	17	24.12.2001	American Airlines	AMERICAN AIRLINES	98,77	98,77	ATS		146-20
○○○	AA	17	11.12.2000	American Airlines	AMERICAN AIRLINES	1.191,11	1.191,11	ATS		146-20
○△○	C0	555	18.08.2001	American Airlines	AMERICAN AIRLINES	1.799,51	1.799,51	ATS		146-30
●○○	BA	555	14.04.2001	American Airlines	AMERICAN AIRLINES	2.104,69	2.104,69	ATS		146-30
●○○	AB	26	07.12.2000	American Airlines	AMERICAN AIRLINES	2.111,60	2.111,60	ATS		737-20
○○■	AF	26	16.09.2001	American Airlines	AMERICAN AIRLINES	2.542,22	2.542,22	ATS		737-20
○○○	AZ	788	20.12.2001	American Airlines	AMERICAN AIRLINES	3.621,73	3.621,73	ATS		737-20
○△○	AC	26	12.04.2001	American Airlines	AMERICAN AIRLINES	5.872,59	5.872,59	ATS		737-20
○○○	AZ	555	09.12.2000	American Airlines	AMERICAN AIRLINES	5.967,41	5.967,41	ATS		146-30
○○○	AA	26	22.12.2001	American Airlines	AMERICAN AIRLINES	6.140,25	6.140,25	ATS		146-30
○△○	AC	17	20.08.2001	American Airlines	AMERICAN AIRLINES	8.080,00	8.080,00	ATS		146-20
●○○	AB	17	16.04.2001	American Airlines	AMERICAN AIRLINES	9.506,17	9.506,17	ATS		146-20
				American Airlines		49.036,05		ATS		
**						76.252,84				
						63.252,35		ATS		

10

기술자는 어디서 일을
하게 되나

처음으로 다시 돌아가겠습니다. 삽질과 관련된 일에는 세 가지 유형이 있다고 말씀드렸습니다. SAP라는 회사에 들어가 솔루션을 직접 만드는 일이 있고 그들이 만든 솔루션을 사용하는 회사에 들어가 사용하는 일이 있습니다. 이 두 가지는 우리가 크게 관심을 가진 부분은 아니죠. 우리의 관심은 마지막에 있는 SAP 솔루션을 가지고 프로젝트를 수행하는 일이었습니다. 그 일을 하는 사람은 SAP 컨설턴트와 ABAP 개발자로 나뉘었고, 그들을 우리는 삽질 기술자라 불렀습니다. 이제 마지막으로 이 사람들이 SAP의 어떤 화면에서 일하는지 알아보겠습니다. 여기 나오는 화면들은 직접 만든 실습환경에서 제공하지 않을 수 있습니다.

첫 번째 유형인 SAP 솔루션을 만드는 사람은 SAP와 관련된 모든 것에 관여하니 제외할게요.

삽질 유형	하는 일	누가	주요 사용 화면
SAP 솔루션 제작	SAP가 판매하는 기업 솔루션들을 기획, 설계, 개발하는 일	SAP 직원	표준(Standard) 관련한 모든 것
SAP 솔루션 활용	프로젝트를 통해 완성된 시스템을 사용하는 일	사용자	사용자 메뉴

삽질 유형	하는 일	누가	주요 사용 화면
프로젝트 수행	SAP 솔루션을 바탕으로 고객사가 바로 사용할 수 있도록 솔루션을 설정하고 추가로 필요한 개발을 하는 일	SAP 컨설턴트	컨피그레이션 (T-Code: SPRO)
		ABAP 개발자	ABAP 워크벤치 (T-Code: SE80)

사용자의 일터

    두 번째는 사용자라 불리는 SAP 솔루션을 이용해서 실제 업무를 보는 유형입니다. 이 사람들은 지금까지 많이 봤던 화면을 사용합니다. 대신 더 깊게 들어가지요.

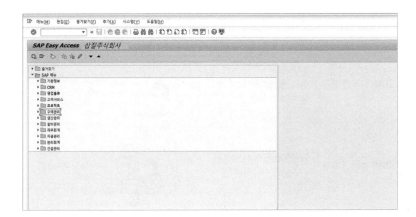

삽질주식회사가 사용하는 화면입니다. 회사에 따라 제공하는 메뉴
가 달라지겠죠. 이 회사는 영업, 구매, 생산, 재무, 관리의 핵심 모듈 외
에 CRM, 프로젝트 등의 모듈도 사용하고 있습니다. 자신이 소속된 부
서와 맡은 일에 따라 사용하는 메뉴가 달라지는 거죠. 제가 구매 담당
자라 가정하고 더 깊게 삽질해 보죠. 끝까지 파고 들어가면 아래 그림
처럼 나올 겁니다.

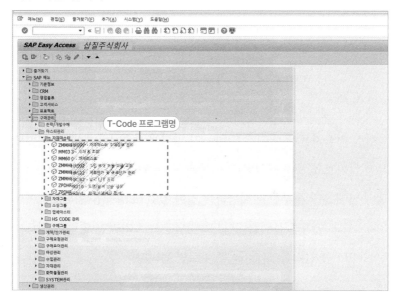

실제로 업무를 수행하는 프로그램이 마지막에 보이죠. ':' 앞의 영문
과 숫자 조합이 T-Code이고 뒤에 블러 처리된 것이 프로그램 이름입
니다. 여기서 자신이 업무를 수행할 프로그램을 더블클릭하고 들어가
서 일을 하면 되는 겁니다. 사용자는 여기서 일합니다.

T-Code가 짧은 것이 있고 긴 것도 있어요!

예리하십니다. T-Code의 유형을 보면 크게 두 가지로 나뉩니다. 'Z'로 시작하고 비교적 긴 T-Code와 그 외의 알파벳으로 시작하고 4자리인 것이 있습니다. 결론부터 말씀드리면 T-Code나 프로그램 ID가 'Y'나 'Z'로 시작하는 것은 SAP 솔루션이 만들어 준 표준(Standard) 프로그램이 아닙니다. 삽질 기술자(SAP 컨설턴트, ABAP 개발자)들이 힘을 합쳐 고객회사의 필요에 따라 추가로 개발한 프로그램들입니다.

삽질 기술자의 일터

삽질 기술자들은 어디서 일하는지 알아보겠습니다. SAP 컨설턴트부터 알아보죠. SAP 컨설턴트가 수행하는 주된 업무 중에 고객사의 사정에 맞게 SAP 솔루션을 세팅하는 일이 있었죠. 그것을 컨피그레이션(Configuration)이라 불렀습니다. 그 작업장으로 가려면 명령어 필드에 "/nSPRO"를 입력하고 [Enter]를 누르면 됩니다.

바로 아래 화면이 나타날 겁니다.

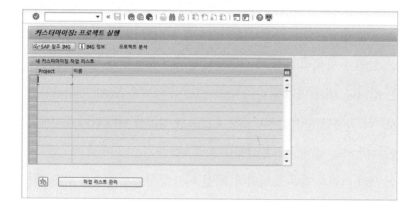

안경 모양 아이콘(🔍)을 누르
세요. 익숙한 듯, 생소한 다음과
같은 화면이 나타날 겁니다.

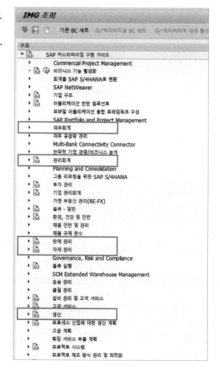

처음 보는 화면 같지만 자세히 보면 제가 박스로 표시한 영역처럼 눈에 익은 메뉴들이 있습니다. 일반 사용자가 보던 메뉴와 유사한 형태이죠. SAP 컨설턴트도 사용자와 비슷하게 자신이 맡은 영역인 구매, 생산, 영업 등에 따라 해당 메뉴에 가서 끝까지 삽질을 해 세팅을 하면 되는 겁니다. 이제 마지막 하나 남았네요. 이 영역은 ABAP 개발자가 주로 사용하지만, SAP 컨설턴트도 프로그램 설계를 해야 하기 때문에 같이 봐야 하는 영역입니다. 실제로 프로그램을 짜는 곳이죠. 제조회사라면 생산 라인과 같은 곳입니다. 사실 이곳은 앞에서 실습을 위해 살짝 들어갔었습니다. 이 화면 기억하시나요?

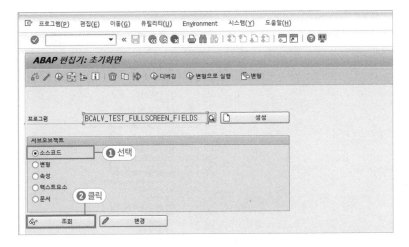

ALV를 설명하기 위해 들어갔었죠. 여기서 그림처럼 소스코드 라디오 버튼을 선택하고 아래의 [조회] 버튼을 누르면 아름다운 소스코드를 볼 수 있습니다. 바로 프로그램을 짜거나 수정할 수도 있죠. 어떤 프

로그램인가요? 맞습니다. 'Y'나 'Z'로 시작하는 추가 프로그램(CBO,
Customer Bolt-On)만 생성과 수정이 가능합니다. 그런데 이 화면은 테
이블이나 뷰 같은 것을 보거나 만들 수는 없죠. 설계를 해야 하는 SAP
컨설턴트는 그런 것이 더 필요한데요. 그래서 'SE80'이라는 화면을 더
자주 사용합니다.

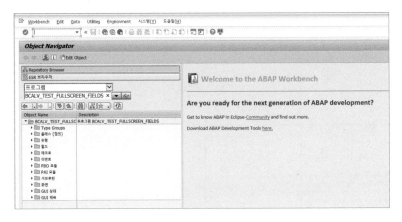

이 화면은 ABAP 개발과 테이블, View 등 개발과 관련된 기능을 종
합적으로 제공합니다. 그래서 고유 이름도 있습니다. ABAP 워크벤치
(Workbench)라고 합니다. 이제 기술자들의 작업장도 대략 둘러봤습니
다. 일을 할 곳의 문 앞까지 안내해 드린 셈입니다. 문을 열고 들어갈지
돌아서 나갈지는 여러분의 몫이죠.

부록

이것만은 꼭 알아 두자!

1 SAP 정보를 제공하는 곳

삽질 배우기가 어려운 이유는 정보를 얻을 곳이 제한되어 있기 때문입니다. 있다고 해도 영어로 된 정보가 대부분이고 어느 정도의 기본지식이 없으면 이해할 수 없는 내용들이 많습니다. 아래에 소개해드리는 사이트, 블로그 및 교육기관도 친절하지는 않지만 무작정 정보를 찾는 것에 비하면 도움이 될 겁니다. 순서는 저자 관점에서 더 도움이 되었던 순서입니다.

이름	URL	구분	특징
SAP 한국 커뮤니티	http://sapjoy.co.kr/	웹사이트	국내 최대
Discovering ABAP	https://discoveringabap.com/	웹사이트	체계적임
SAP TABLE	https://erp-top.com/	웹사이트	테이블 정보
SAP 단톡방 1	https://open.kakao.com/o/g0Mf8Dvb	카카오톡	업계정보
SAP 단톡방 2	https://open.kakao.com/o/gL7wgZgf	카카오톡	업계정보
SAP JOY	https://band.us/@sapjoy	밴드	구인/구직
패스트레인	https://blog.naver.com/dodododo0_	공인기관	
로그원코리아	https://blog.naver.com/sapelearning	공인기관	
SAP 교육사업본부	https://blog.naver.com/sapedu_korea	공인기관	
곰선비	https://blog.naver.com/howwithus	블로그	좋은 자료
김박사 LAB	https://blog.naver.com/x2bar	블로그	좋은 자료
율밥퍼	https://blog.naver.com/yury223	블로그	좋은 자료
호빵맨	https://blog.naver.com/silercan	블로그	좋은 자료
반집	https://blog.naver.com/softwon1	블로그	
현자의 MZ세대 SAP	https://blog.naver.com/showconcerto	블로그	
둘영하나	https://blog.naver.com/l_yh6	블로그	
kikura915	https://blog.naver.com/kikura915	블로그	SYNC 과정
코딩돌잔치	https://blog.naver.com/zero_it	블로그	
boy0	https://boy0.tistory.com/181	블로그	

이름	URL	구분	특징
ABAP Developer Hwii	https://blog.naver.com/tlsdnjs025	블로그	
플로라젠	https://blog.naver.com/abapsap	블로그	
호두호두함	https://blog.naver.com/dlehdgml2018	블로그	
SAP HANA 이야기	https://blog.naver.com/euiman_kim	블로그	HANA DB
스티붕리	https://blog.naver.com/dandyrak	블로그	
나한선	https://brunch.co.kr/@lifeisex/	브런치	깊이 있음

⌷2⌷ 출간도서 목록

　국내에 출간된 SAP 모듈 및 ABAP 관련 도서 목록입니다. 삽질에 대한 기본지식이 없으면 책을 찾는 것도 어렵더군요. 리스트에 표기된 도서의 키워드를 다시 검색해서 다른 책을 찾아보시는 것도 추천합니다. 가장 공신력이 있고 탄탄한 책은 SAP press에서 출판한 공식 도서들입니다. 문제는 전부 영어이고, 해외직구이다 보니 고가라는 점입니다. 도서 목록을 이용하셔서 동네 도서관이나 시립, 도립 도서관에서 빌려 보시고 지식이 쌓이신 이후에 고가의 책을 구매하시길 추천합니다.

제목	저자	발행일
SAP HANA 2.0 공식 가이드북 (부제: SAP가 알려주는 SAP HANA 2.0 입문을 위한 모든 것)	셀파소프트 번역	2022-10-20
SAP Bible FI: S/4 HANA Version (상/하) (부제: SAP FI Module의 정석)	유승철	2019-07-30
SAP 시스템의 이해 (부제: 시스템 운영 및 유지보수를 위한 TIP모음)	정희철	2014-03-17

제목	저자	발행일
알기 쉽게 정리한 SAP FI (S/4HANA 개정판)	송종훈	2018-08-14
SAP ERP를 중심으로 한 ERP 개론	윤철호	2016-11-25
ERP 구매관리 시스템 (부제: SAP R/3 MM 모듈 활용)	김영렬, 강태구, 박진서	2014-04-04
SAP Fiori & OData Full Stack Guide	유균	2022-06-07
SAP R/3 ERP 회계정보시스템	남천현	2009-07-25
무한세계 SAP ERP 여행	함용석	2008-02-25
SAP ERP의 기능을 중심으로 한 ERP의 이해와 활용	함용석	2014-03-05
SAP BC 실전 가이드 (부제: SAP 공식 교육 과정 강의와 다양한 프로젝트 경험을 토대로 한 실전 위주의)	김덕수	2015-04-10
SAP HANA 개발자 가이드 (부제: SAP HANA 개발 실전 지침서)	오승도	2015-06-18
실무 예제로 배우는 SAP BUSINESS ONE SDK	최현일	2008-09-10
SAP Fiori apps를 적용한 ERP 활용 (1, 2)	변의석	2023-07-27
ERP 전략 자재 관리 시스템 (SAP R/3 MM 모듈 활용)	김영렬	2009-08-30
SAP ERP 운영 실무자를 위한 ADVANCED PAYROLL SAP HR	정연홍	2010-10-12
Easy ABAP 2.0 (부제: 기본 이론과 실무 예제로 새롭게 꾸민)	김성준	2012-07-25
현장입문을 위한 ABAP/4 실무 가이드	삼성SDS ABAP 연구회	2008-07-15
ABAP 실무양식 개발을 위한 ABAP/4 스마트폼 프로그래밍	주호재	2008-01-05

3 주요 화면 유형

SAP 프로그램의 주요 화면 유형입니다. 새로운 프로그램을 개발하거나 수정할 때 어떤 유형의 화면으로 구성할지 소통할 일이 많습니다. 각 화면 유형의 명칭을 알고 있으면 쉽고 빠르게 요구사항을 전달할 수 있습니다.

▲ 리스트(List)

▲ 표(ALV Grid, ABAP List Viewer)

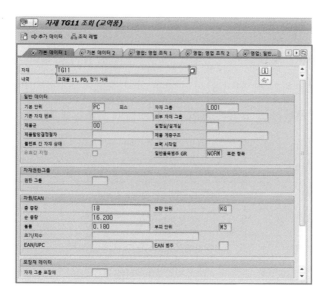

▲ 탭스트립(Tapstrip)

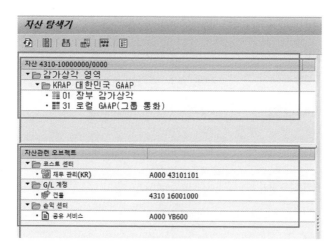

▲ 트리(Tree)

4 주요 기능 아이콘

SAP의 주요 화면에서 많이 사용되는 기능 아이콘들입니다. SAP 화면은 비교적 표준화가 잘 되어 있어서 표준 아이콘의 기능을 한 번만 잘 기억해두면 작업할 때 효율을 높일 수 있습니다.

아이콘	아이콘명	설명
	엔터	Enter 를 누른 것과 동일하다.
	저장	데이터를 저장한다.
	앞화면	직전 화면으로 돌아간다.
	종료	현재 수행 중인 트랜잭션을 빠져 나간다.
	취소	현재 화면의 작업을 취소한다.
	세션 생성	새로운 화면을 열어준다.
	바로 가기	해당 화면의 바로 가기를 만들어 준다.
	실행	프로그램을 실행한다.
	도움말 (F1)	Help 기능을 제공한다.
	입력 도움말(F4)	Possible Entry 기능을 제공한다.
	페이지 이동	제일 위로/위로/아래로/제일 아래로
	찾기/다음 찾기	데이터를 검색한다.
	출력	프린터를 한다.
	생성	새로운 정보를 생성한다.
	수정	수정 모드로 전환한다.
	조회	조회 모드로 전환하거나, 정보를 조회한다.

아이콘	아이콘명	설명
	복수 선택	복합기능 제공 화면에서 기능을 변경한다.
	변형 선택	생성해둔 변형 리스트를 보여 준다.
	개요	개요 정보를 보여 준다.
	헤더	헤더 데이터 정보를 보여 준다.
	갱신	정보를 갱신한다.
	라인 추가/삭제	라인을 추가하거나 삭제한다.

5 화면 구성 요소

SAP 화면을 구성하는 다양한 구성 요소들입니다. 새로운 프로그램을 개발하거나 수정할 때 어떤 유형의 구성 요소를 쓸지 소통할 일이 많습니다. 구성 요소의 정확한 명칭을 알고 있으면 쉽고 빠르게 요구사항을 전달하거나 소통할 수 있습니다.

구성 요소	이름	설명
	필수 입력 필드	반드시 값을 입력해야 하는 필드로 좌측에 갈매기 표시가 있음
	선택 입력 필드	값을 입력하지 않아도 에러가 발생하지 않는 선택 입력 필드
Other activity costs	텍스트 출력 필드	조회만 가능하고 입력은 되지 않는 필드

구성 요소	이름	설명
판매 가격결정 영업 조직 유통경로 제품군 DIP 프로파일	그룹 박스	연관되는 조회 조건들을 묶어 그룹핑한 박스
⬅ 뒤로 ➡ 전달 ❌ 닫기	푸쉬 버튼	누르면 이벤트가 발생하는 버튼
☐ 통계 ☐ 통합 계획	체크 박스	원하는 것을 체크
⦿ 프로젝트 재고 없음 ○ 비평가 재고 ○ 평가 재고	라디오 버튼	그룹으로 묶인 버튼 중 하나만 선택 가능
오브젝트 클래스 조세 관할 구역 WBS 상태 프로파일 INVST 투자 OCOST 간접비 이익 이익, 매출 생산	드롭 다운 리스트	정해진 입력 값 안에서만 선택 가능한 필드 유형
품목 개요 품목	Collapsible Area	특정 영역을 닫고 여는 기능

⑥ ABAP 개발자가 자주 사용하는 T-Code 모음

T-Code라는 말이 자연스럽게 나오고 메뉴가 아닌 T-Code를 내가 필요한 화면을 오고 가기 시작하면 초보 ABAP 기술자로 가는 길에 들어선 것입니다. 처음 이 리스트를 마주하면 암호처럼 보이겠지만 시간이 지나면 지날수록 익숙해져 갈 겁니다.

T-Code	이름	설명
SE80	Object Navigator	ABAP 개발자가 사용하는 대부분의 기능 제공
SE38	ABAP 편집기	ABAP 프로그램 소스코드를 만들고 관리함
SE37	Function Builder	ABAP Function(함수)을 만들고 관리함
SE24	Class Builder	ABAP 클래스를 만들고 관리함
SE18	BAdI Builder	Business Add-Ins를 관리함
SE19	BAdI Builder	Business Add-Ins를 관리함(더 자세하게 관리)
SE91	Message Maintenance	메시지 클래스 관리
SE93	트랜잭션 유지보수	T-CODE 관리
SE11	ABAP Dictionary	테이블, 뷰, 데이터 유형 등을 만들고 관리함
SE16	데이터 브라우저	테이블 데이터 조회(조회 위주)
SE16N	일반 테이블 조회	테이블 데이터 관리(생성/변경/조회)
ST22	ABAP 런타임 에러	ABAP 프로그램 수행 중 오류 조회(덤프 확인)
SHDB	트랜잭션 리코더	트랜잭션을 녹음하듯 기록(BDC 레코딩)
SPRO	커스터마이징	컨설턴트가 회사별 설정 사항을 세팅하는 곳
SMARTFORMS	스마트폼	각종 양식 문서를 디자인하는 곳
SPROXY	PROXY 관리	다른 시스템과의 데이터 인터페이스 관리

T-Code	이름	설명
SXI_MONITOR	XML Message Processing	PO를 통한 다른 시스템과의 인터페이스 이력 조회
S000	표준 메뉴	SAP가 제공하는 기본 메뉴 트리로 돌아감
SE43	Edit Area Menu	영역 메뉴 관리
SM37	Job Selection	백그라운드 잡 로그 및 계획 조회 및 관리
SE09	Transport Organizer	CTS 릴리즈/생성/변경
STMS	Transport 관리 시스템	전송 관리 시스템(이관)
SU01	User Maintenance	사용자 관리(비밀번호 초기화 등)
SU01D	User Maintenance	사용자 조회(조회 전용)
BAPI	BAPI Explorer	BAPI 탐색기
ABAPDOCU	ABAP Documentation	ABAP 도움말(F1)

에필로그

삽질의 바다 앞에서….

길고 쉽지 않았을 삽질의 기초를 닦는 여정을 마지막까지 같이 해주셔서 감사합니다. 그리고 진심 어린 경의를 표합니다. 여기까지 오신 것만으로도 여러분은 보통 이상의 인내심을 가지신 분들입니다. 격려의 말은 여기까지입니다. 열심히 여기까지 오셨지만 현실은 냉혹합니다. 이 책을 마무리하는 지금 생각해 봅니다. SAP에 대한 지식을 전체로 볼 때 이 책에서 설명한 내용은 어느 정도이고 독자에게 얼마나 도움이 될까? 잠시 생각에 잠긴 순간 반짝 떠오른 구절이 있었습니다. 칼 세이건이 쓴 '코스모스'라는 책의 한 부분이었습니다(코스모스Cosmos는 우주를 뜻합니다.).

"코스모스를 거대한 바다라고 생각한다면 지구의 표면은 곧 바닷가에 해당한다. '우주라는 바다'에 대하여 우리가 알고 있는 것은 거의 대부분 우리가 이 바닷가에 서서 스스로 보고 배워서 알아낸 것이다. 직접 바닷물 속으로 들어간 것은 극히 최근의 일이다. 그것은 겨우 발가락을 적시는 수준이었다. 아니, 기껏해야 발목을 물에 적셨다고나 할까."

코스모스를 SAP로, 지구의 표면을 이 책으로 바꾸면 제 생각입니다. 힘들게 짧지 않은 길을 오셨지만, 이제 바닷물에 겨우 발가락을 적시신 겁니다. 가야 할 길이 훨씬 멀고 험하다는 뜻이죠. 만약 그렇지 않았다면 누구나 이 시장에 뛰어들어 삽질을 하고 있을 겁니다. 이 어려움이 아무나 들어 올 수 없는 진입장벽을 만든 겁니다. 다시 한번 각오를 다지십시오. 제가 좋아하는 말로 끝내겠습니다.

"멋지다면 쉽지 않고,
쉽다면 멋지기 않을 것이다."

당신을 프로젝트 현장에서 만날 그날을 고대합니다.